Christine Kohler
Innen lebt der Ahornbaum

Christine Kohler

INNEN LEBT DER AHORNBAUM

Zytglogge

Alle Rechte vorbehalten
Copyright by Zytglogge Verlag Bern, 1989
Umschlagbild: Marcus Pfister
Gesamtherstellung: Wiener Verlag, Himberg bei Wien
ISBN 3 7296 0310 8

Zytglogge Verlag Bern, Eigerweg 16, CH-3073 Gümligen
Zytglogge Verlag Bonn, Cäsariusstr. 17, D-5300 Bonn

Inhalt

1. Sami mag das Haus auch nicht   7
2. Warum ist das Kind so zornig   12
3. Besser kocht nicht einmal Mama   18
4. Frau Hurni hat hier nichts zu sagen   25
5. Ein Bär hat in einer Schule
   nichts zu suchen   32
6. Fast bis nach Afrika   36
7. Holundersirup schmeckt nach Afrika   44
8. Schafböcke kommen von hinten   51
9. Lena hat auch richtige Katzen   57
10. Früher war Simi so schweigsam   63
11. Bäume frieren nicht, sie schlafen   69
12. Michi kauft das Karussell   75
13. Er heißt Jakob   81
14. Mama macht Augen   87
15. Innen lebt er   92
16. Schneepflugführer ist besser
    als Flugzeugpilot   98
17. Es gibt immer eine Möglichkeit   103

Sami mag das Haus auch nicht

Jetzt bringen sie das braune Sofa. Wo sind die lustigen, bunten Kissen? Das Sofa sieht traurig aus. Die Männer schieben es schräg durch die Tür, ganz langsam. Das Sofa wehrt sich, aber es nützt alles nichts, es muss hinein. Mamas Stimme tönt durchs offene Fenster, sie ist nicht zufrieden. Der eine Mann brummt etwas, der andere lacht. Papa kommt mit dem Lehnstuhl. Der Lehnstuhl sträubt sich auch, Papa muss ihn drehen und wenden, damit er durch die Tür geht. «Die Möbel mögen das Haus nicht!» denkt Simi. Er sitzt auf der Gartenmauer und schaut zu, wie Stück um Stück aus dem dicken Bauch des Möbelwagens geholt und ins fremde Haus getragen wird.
«Mir gefällt das Haus auch nicht», sagt Simi leise. «Ich will nicht hier wohnen, ich kenne hier niemand. Du kennst auch niemand, Sami.»
Sami gibt keine Antwort. Er schaut den Möbelmännern zu. Seine schwarzen Augen glänzen. Simi nimmt ihn in den Arm und drückt ihn fest an sich. Das Fell ist weich und ganz warm von der Sonne. «Du bist mein Freund», flüstert Simi in die feinen Haare, «du bist mein bester Freund und mein einziger. Dani und Thomas sind in der Stadt geblieben, wir sind umgezogen, du und ich. Wir sind ganz allein.»
Sami ist ein feiner Freund. Er ist immer da, er kennt Simis Lieblingsspiele. Er lässt sich geduldig lange Geschichten erzählen. Nie sagt Sami: «Hör auf, du bist langweilig!»

So wie Susanne und manchmal auch Mama. Er begleitet Simi überall hin, sogar in den Kindergarten. Bis die Kindergärtnerin sagte, der Bär müsse zu Hause bleiben. Wenn jedes Kind sein Spielzeug herschleppen wollte, wäre der Kindergarten bald einmal zu klein.

Dabei ist Sami gar kein Spielzeug. Er ist warm und weich und lieb. Er zankt nicht, er lacht Simi nicht aus. Er kann sogar reden, aber das ist ein Geheimnis. Das weiss kein Mensch, nur Simi.

Die Männer tragen immer noch Möbel in das fremde Haus. Simis Kleiderschrank mit den gemalten Blumen, Mamas Kommode, Susannes Schreibtisch. Susanne ist ein grosses Mädchen. Sie kommt in die vierte Klasse und kann schon lange lesen, schreiben und rechnen.

Sie hilft Mama im Haus, Simi hört sie schwatzen und lachen. Susanne freut sich, ihr gefällt es hier. Sie bekommt ein Kätzchen, wenn einmal alles eingerichtet ist. Tante Therese hat es erlaubt. Susanne wünschte sich bisher zu jedem Geburtstag eine Katze, auch zu Weihnachten, aber im Wohnblock sind Haustiere verboten.

Simi braucht keine Katze. Er hat Sami.

Papa holt Michis Gitterbett aus dem Möbelwagen. Das Schaukelpferd guckt durch die Stäbe. Simi schaukelt nicht mehr damit, er ist zu gross. Das Rösslein mit der schwarzen Mähne und dem prächtigen Schwanz gehört jetzt Michi.

Michi ist bei Tante Therese. Sie hat ihn mit nach oben genommen. «Komm, ich zeige dir ein Bilderbuch», hat sie gesagt, «hier unten stehst du nur im Weg. Die beiden Grossen können etwas helfen.»

Simi will nicht helfen. Er möchte auch lieber ein Bilderbuch anschauen, aber zu ihm hat die Tante nichts gesagt.

Tante Therese wohnt im ersten Stock. Ihr gehört das Haus. Sie sieht merkwürdig aus, Simi fürchtet sich beinahe ein wenig vor der alten Frau. Sie ist lang und dünn und trägt schwarze Kleider. Die weissen Haare hat sie zu einem Knoten zusammengedreht und mit Nadeln festgesteckt. Er sieht aus wie eine Zwiebel. Die Brille mit den kleinen runden Gläsern sitzt ganz vorne auf der Nasenspitze. Wenn die Tante mit Simi spricht, blickt sie ihn über den Brillenrand an. Sie hat eine rauhe, tiefe Stimme. Eigentlich ist sie nicht Simis Tante, sondern seine Grosstante.

Die Tante hat ein krankes Herz. Der Doktor will sie nicht mehr allein hier leben lassen. Plötzlich falle sie um, und keiner sei da, um ihr zu helfen. Sie sollte in ein Altersheim ziehen. Aber die Tante hasst Altersheime. Sie hat fast ihr ganzes Leben in diesem Haus verbracht, und hier will sie bleiben.

Und nun muss Simi zu ihr ziehen.

Nachdem die Fabrik geschlossen und Papa entlassen worden war, musste er sehr lange eine Stelle suchen. In der Stadt war nichts zu finden, aber Onkel Herbert suchte einen tüchtigen Mann für seine Garage, und seither arbeitet Papa hier im Dorf. Ein paar Wochen fuhr er jeden Tag mit dem Auto hin und zurück, bis Onkel Herbert den Einfall mit Tante Thereses Haus hatte. Papa war sofort Feuer und Flamme für den Plan.

«Es ist das Beste für uns und auch für die alte Tante», erklärte er, «ich kann nicht ewig mit dem

Auto zur Arbeit fahren, der Weg ist zu lang. Tante Therese ist auch einverstanden, Onkel Herbert hat mit ihr gesprochen. Sie überlässt uns das ganze Haus, nur die Küche und zwei Zimmer im ersten Stock will sie behalten. Es hat Platz genug für uns alle, und die Kinder können im Garten umhertoben, soviel sie wollen.»

Susanne tanzte in der Wohnung herum und sang: «Wir ziehen aufs Land, wir ziehen aufs Land! Ich bekomme endlich eine Katze, ein schnuckliges, putziges Kätzchen, ein Kätzchen, ein Kätzchen!»

Michi hopste mit und rief mit leuchtenden Augen: «Ich will auch eine Katze, nicht nur eine, ich will hundert!»

Mama hatte Bedenken. «Ob das wohl gut geht?»

«Natürlich geht das gut», versicherte Papa, «auch wenn das Haus etwas vernachlässigt ist. Vieles kann ich selber in Ordnung bringen.»

«Das Haus stört mich nicht», meinte Mama, «ich bin ja im Nachbardorf aufgewachsen, und besonders vornehm war es bei uns daheim auch nicht. Aber ich kenne die Tante, seit ich auf der Welt bin. Sie war schon immer etwas schrullig. Nach dem Tod ihres Mannes ist sie immer sonderbarer geworden. Ihre beiden Mädchen sind sehr früh gestorben, und ich weiss nicht, ob sie das erträgt, den ganzen Trubel mit den Kindern.»

«Sie wird uns schon nicht auffressen!» lachte Papa. «Mir hat sie ganz gut gefallen.»

Simi konnte nichts dazu sagen, niemand fragte ihn. Er wollte nicht weg aus der Stadt, weg von Dani und Thomas. Er wollte nicht bei einer fremden Frau wohnen, er will es immer noch nicht.

Das Möbelauto ist leer. Die Männer schieben den Steg hinein, schliessen die Tür, steigen ein und fahren davon.

Warum ist das Kind so zornig

Lange sitzt Simi auf dem Mäuerchen und wartet. Er weiss nicht recht, worauf. Vielleicht kommt ein Zauberer und zaubert alles wieder in die Stadt zurück. Vielleicht fliegt ein Riesenvogel herbei, fasst Simi am Kragen und trägt ihn zu Thomas oder zu Dani.
«Sami, denkst du auch an unser Haus in der Stadt? Du hast sicher auch Heimweh nach Thomas und nach Dani.»
Endlich rutscht Simi vom Mäuerchen und geht ins Haus.
Mama und Papa reden laut miteinander, Susanne singt irgendwo. Die Möbel sehen fremd aus, überall stehen Kisten, Körbe, Koffer. Es herrscht ein Durcheinander.
Hier ist die Küche, daneben das Wohnzimmer. Das braune Sofa verschwindet beinahe unter Decken, Tüchern, Vorhängen. Tisch, Stühle, Sessel, alles steht irgendwo herum. Im Schlafzimmer sieht es nicht gemütlicher aus. Der grosse Schrank gähnt Simi leer an, die Betten sind beladen mit Kleidern und Wäsche.
Da ist noch ein Zimmer. Mama räumt Simis geblumten Schrank ein, Papa stellt gerade das Bett auf. In der Ecke steht Michis Gitterbett, das Schaukelpferd guckt immer noch dumm durch die Stäbe. «Das ist dein Zimmer», sagt Mama, «gefällt es dir? Michi schläft vorläufig noch hier; wenn er grösser ist, bekommt er oben ein eigenes Zimmer. Ach, wie ist das herrlich, endlich Platz genug!»

Simi findet das Haus nicht herrlich.
«Heute abend essen wir im Wirtshaus, Mama kann noch nicht kochen in der unaufgeräumten Küche. Simi, geh und hol Susanne und Michi!»
Simis Herz fängt laut an zu klopfen. Fest hält er Sami im Arm. Oben wohnt die schwarze Tante. Zögernd wendet er sich zur Tür. Aber sie ist versperrt, etwas Schwarzes steht im Weg. Tante Therese!
«Ihr könnt bei mir essen, ich habe gekocht!»
«Aber – aber – das dürfen wir doch nicht annehmen! Wir wollen dich nicht belästigen», stottert Mama.
«Wir besprechen das beim Essen!» gibt die Tante knapp zurück.
Papa blinzelt Mama zu. Sie zuckt die Schultern. Papa lächelt zufrieden.
Tante Therese hat den Tisch mit Blümchengeschirr gedeckt. Es gibt Kartoffelsalat und Würstchen, Kaffee und Milch.
Michi sitzt schon am Tisch. «Ich habe geholfen», kräht er, «Kartoffeln habe ich geschält!» Stolz streckt er seinen linken Daumen in die Höhe. Ein grosses Heftpflaster klebt daran. «Es hat ganz fest geblutet, aber die Tante hat ein Lied gesungen, da hat es nicht mehr wehgetan, kein bisschen.»
Simi betrachtet die alte Frau verstohlen. Sie sieht nicht aus wie jemand, der Lieder singt.
Es schmeckt herrlich. Kein einziges Würstchen bleibt übrig. «Du bist ein Engel», schmunzelt Papa, als die Tante nach dem Essen einen braunen Gugelhopf auf den Tisch stellt. «Dummes Zeug! Engel sehen nicht wie alte Vogelscheuchen aus.»

Tante Therese setzt sich wieder auf ihren Stuhl.
«Nun hört mal zu! Ich bin froh, dass ihr da seid, ihr erspart mir das Altersheim. Das wäre nichts für mich. Ich bin eine alte, wunderliche Person und möchte nichts anderes als meine Ruhe haben. Nur eben, allein kann ich hier nicht bleiben, damit habe ich mich abgefunden. Das Haus ist zu gross für mich, ich kann es nicht mehr in Ordnung halten. Den Garten kann ich auch nicht mehr besorgen, die Arbeit wird mir zuviel. Ich hoffe, ihr nehmt mir das alles ab. Im übrigen werde ich euch so wenig wie möglich zur Last fallen. Gut, dass mein Mann seinerzeit hier oben eine zweite Küche einrichten liess, so werden wir uns weniger in die Quere kommen. Und nun noch etwas. Das geht auch euch Kinder an», sie blickt ernst über die Brillengläser, «ich habe manchmal schlimme Herzanfälle und bekomme dann so starke Schmerzen, dass ich nicht einmal um Hilfe rufen kann. Wenn ihr mich so findet, gebt ihr mir eine von meinen Pillen. Sie liegen immer hier auf dem Küchenschrank, genau hier. Schaut mal her!» Sie holt das Schächtelchen und öffnet es. Es hat kleine, fast durchsichtige Kügelchen drin.
«So eine schiebt ihr mir in den Mund und wartet, bis ich mich wieder erhole. Habt ihr das verstanden?»
Sie nicken feierlich.
«Nur gut, dass Mama Krankenschwester ist», sagt Susanne. «Wenn du krank wirst, kann sie dich pflegen, Tante.»
«Dann bekommst du Kamillentee und Wadenwickel!» schreit Michi begeistert und hopst auf seinem

Stuhl auf und ab. «Und Fieber messen musst du auch.»

Die Grossen haben noch viel zu besprechen, Simi hört nicht mehr zu. Er lässt seine Augen in Tante Thereses gemütlicher Küche herumspazieren. Der grosse, blaue Küchenschrank hat richtige Vorhänglein mit breiten Spitzen hinter den Glastüren. Auch die Vorhänge am Fenster haben einen Spitzenrand. An den Wänden hat es eine Menge Kästchen und Tablare mit Dosen, Gläsern, Töpfchen und Krügen. Simi sieht viele seltsame Geräte und Werkzeuge, er weiss nicht, wozu man sie braucht. In jeder Ecke, auf jedem freien Plätzchen grünt und blüht es. Siebzehn Blumentöpfe zählt Simi. Aber das Merkwürdigste ist das Bild neben dem Küchenschrank. Ein kleines Mädchen sitzt steif auf einem Stühlchen und starrt wütend vor sich hin. Es trägt eine weisse Rüschenschürze und eine riesige, weisse Haarmasche. Auf den Knien hält es eine Puppe. Am liebsten möchte es sie in eine Ecke schmeissen, Simi sieht es genau. Warum ist das Kind wohl so zornig?

«Wer ist das Mädchen auf dem Bild?» fragt er.

«Sieh mal an», wundert sich die Tante, «der Bub kann ja reden!»

Simi bekommt einen roten Kopf. Er kann es nicht leiden, wenn man ihn auslacht.

Aber Tante Therese fährt gleich weiter. «Das war ich einmal, vor vielen, vielen Jahren. Ich habe das Bild beim Aufräumen auf dem Estrich gefunden. Meine Mutter gab sich gewaltig Mühe, mich zu einem besonders braven, wohlerzogenen Mädchen zu dressieren. Ich musste grässliche, weisse

Strümpfe, Spitzenschürzen und andern Schnickschnack anziehen. Sie hiess mich dauernd mit meinen langweiligen Puppen spielen, dabei konnte ich die Dinger nicht ausstehen. Ich wollte viel lieber mit meinem Bruder auf Bäume klettern und Fische fangen im Bach.»
«Es ist aber eine schöne Puppe!» bemerkt Susanne vorwurfsvoll. Sie hat eine ganze Sammlung verschiedenster Puppen.
«Sie war auch sehr teuer. Sie hatte echte Haare, Schlafaugen und einen Kopf aus feinem Porzellan. Ihr Körper war aus weissem Leder. Meine Gotte hatte sie mir geschenkt. Mutter schleppte mich in einen Photographieladen und liess diese Aufnahme machen. Am nächsten Tag vergrub ich die Puppe in einem Kieshaufen.»
«Was, die schöne Puppe?» ruft Susanne entsetzt. «Wo ist sie jetzt?»
«Keine Ahnung. Ich wurde fürchterlich verprügelt und musste sie wieder ausgraben. Mutter hat sie dann wohl verschenkt. Später kaufte mir mein Vater einen hölzernen Esel. Er war blau angestrichen und hatte eine Mähne aus Hanf und einen Schwanz aus einer dicken Schnur. Ich liebte ihn heiss.»
«War er dein Freund?» fragt Simi mit grossen Augen.
«Darauf kannst du Gift nehmen! Ich hatte nie einen besseren», sagt Tante Therese ernsthaft.
«Hast du ihn noch?»
«Nein, was denkst du! Als ich ihn nicht mehr brauchte, gab ich ihn weg. Ich konnte doch nicht mein Leben lang mit einem blauen Esel spielen.»

Später im Bett flüstert Simi noch lange mit dem Teddybär: «Weisst du, Sami, die Tante ist nämlich nicht gefährlich. Einmal, ganz früher, da war sie ein kleines Mädchen, ganz klein, so wie Michi. Und sie hatte einen blauen Esel aus Holz, der war ihr bester Freund. So wie du, Sami!»

Besser kocht nicht einmal Mama

«Hallo, hallo, aufstehen, ihr Faulenzer!»
Simi blinzelt. Es ist hell. Wo ist er eigentlich? Warum hat das Zimmer plötzlich zwei Fenster? Wo sind die Vorhänge? Was sollen die hölzernen Wände, und seit wann steht sein Bett in der falschen Ecke?
Drüben rappelt sich Michi auf. Er nuckelt am Daumen und guckt verschlafen zur Tür. Da steht Mama und klatscht in die Hände: «Schnell, schnell, ihr Siebenschläfer, das Frühstück ist bereit! Heute gibt's viel Arbeit!»
Richtig, wir sind ja umgezogen.
«Ist die Tante schon aufgestanden?» will Michi wissen.
«Kümmert euch nicht um die Tante, macht, dass ihr in die Küche kommt!»
Langsam öffnet Simi seine Augen ganz. Langsam rutscht er aus dem Bett und angelt nach seinen Kleidern. Langsam zieht er sich an. Es ist jeden Morgen dasselbe. Michi hüpft aus den Federn, lacht und schwatzt und ist putzmunter, aber Simi braucht eine ganze Weile, um richtig wachzuwerden.
Wo ist Sami? Er hat sich unter die Decke verkrochen, ganz unten am Fussende steckt er. Simi nimmt ihn unter den Arm und schlurft in die Küche.
«Was für ein altes Männchen kommt denn da geschlichen!» lacht Papa. Alle sitzen am Tisch, Michi beisst schon in ein dickes Butterbrot.
«Beeilt euch!» drängt Mama. «Papa und ich haben

bis spät in der Nacht aufgeräumt. Das Allernötigste ist getan. Heute fahren wir zusammen in die Stadt und putzen die alte Wohnung.»
Susanne runzelt die Stirne. «Und was macht Tante Therese?»
«Es wird ihr schon etwas einfallen. Sie kommt natürlich nicht mit.»
«So, und wer gibt ihr eine Pille?»
Also, daran hat Mama nun wirklich nicht gedacht, aber die Tante wird wohl nicht gerade heute einen Anfall kriegen.
Susanne ist hartnäckig. «Sie darf nicht mehr allein sein, sie hat es gesagt. Ich bleibe hier!»
«Ich auch», verkündet Michi zwischen zwei Bissen, «und wenn sie krank wird, gebe ich ihr eine Kugel.»
«Aber das geht doch nicht!» wehrt Mama ab. «Wir können euch doch nicht einfach den ganzen Tag dem Schicksal überlassen!»
«Nicht dem Schicksal, der Tante!» verbessert Susanne.
«Weshalb sollte das nicht gehen?» fragt Papa gemütlich. «Wenn sie die Sache so ernst nehmen, sollten wir sie nicht daran hindern. Ausserdem sind sie ja nicht allein. Sie passen auf die Tante auf, die Tante passt auf sie auf. Ich geh' hinauf und frag' sie.»
Papa ist schnell wieder da. «Alles in Ordnung», sagt er und verbeisst ein Lachen, «sie ist einverstanden».
Mama ist ratlos. «Aber sie ist doch nicht an Kinder gewöhnt! Was will sie bloss kochen?»
«Frag sie nur nicht, sie hat mich deswegen schon

angeschnauzt. Sie sei bisher auch nicht verhungert, und ich soll mich gefälligst um meinen eigenen Kram kümmern! Wie steht's mit dir, Simi, kommst du mit?»
Der Bub setzt Sami vor sich auf den Tisch und schaut ihm lange und nachdenklich in die Augen. «Sami meint, wir sollten alle hierbleiben», sagt er endlich leise.
Einen Augenblick später steht Tante Therese mit einem Korb vor der Tür. «Marsch, ins Dorf, einkaufen!» befiehlt sie. «Ihr kommt alle mit. Ich erkläre euch alles, dann könnt ihr's beim nächsten Mal allein.»
«Wo hast du deine Kugeln?» erkundigt sich Michi.
«Sie liegen immer auf dem Küchenschrank», sagt Tante Therese.
Und dann spaziert die ganze Gesellschaft ins Dorf, von Laden zu Laden. Simi und Susanne tragen den Korb, er wird immer schwerer. Ein langes, viereckiges Brot kaufen sie, Butter, Milch und Käse, eine Schachtel Eier und eine dicke Wurst.
Auf dem Heimweg zeigt Tante Therese ihnen die Kirche, die Schule und Onkel Herberts Garage, wo Papa jetzt arbeitet. Sie treffen viele Leute, und fast alle grüssen freundlich. Susanne findet das merkwürdig. «Du hast aber wirklich viele Freunde, Tante Therese. Wenn wir in der Stadt in den Supermarkt gehen, kennen wir fast niemand, und es grüsst auch keiner.»
«Es sind nicht nur Freunde, und ich kenne auch nicht alle. Aber in einem Dorf grüsst man sich eben, das gehört sich. Wenigstens früher war es so. Freundlich sein kostet nichts und macht auch

keine Mühe. Dass ihr mir immer anständig grüsst, sonst bekommt ihr's mit mir zu tun!»
Simi wird alle Leute freundlich grüssen, das nimmt er sich ganz fest vor. Tante Therese ist zwar viel netter, als er zuerst gedacht hat, aber er will es trotzdem nicht mit ihr zu tun bekommen. Bereitwillig hilft er Susanne, den Korb die Treppe hinaufzutragen.
«Wir helfen einander, dann sind wir im Handumdrehen fertig. Kommt in den Garten, wir brauchen Suppengemüse!»
Der Garten liegt vor dem Haus. Die Tante öffnet das Türchen, und im Gänsemarsch wandern sie über den schmalen Weg zwischen den Beeten. Jedes muss etwas mitnehmen, Simi einen kleinen Kohlkopf, Susanne zwei Rübchen, Michi einen Lauchstengel. Tante holt noch eine Sellerieknolle und zwei kugelrunde, prächtige Tomaten.
Jetzt geht's wieder hinauf in die Küche. Das Gemüse wird sauber gewaschen und gerüstet. Die Tante zeigt den Kindern, wie man Streifen und Würfelchen schneidet. Sie holt einen lustigen, roten Henkeltopf, gibt Wasser, Gemüse und Salz hinein und stellt ihn auf den Herd.
Und nun wird der Korb ausgepackt. Es gibt belegte Brötchen. Die Tante schneidet das Brot, Susanne bestreicht es mit Butter, und Michi legt Wursträdchen drauf. Zum Schluss schmückt Simi jedes Brötchen mit einem kleinen Stück Käse und einer Tomatenscheibe.
Der Suppentopf summt auf dem Herd, der Deckel beginnt zu klappern. Ein feiner Duft zieht durch die Küche.

«Die Suppe, Tante, die Suppe!» schreit Michi aufgeregt. «Sie brennt an, sie brennt an!»
«Hör auf zu zappeln, sonst machst du wieder einen Unfall! Wir wollen aufräumen und den Tisch decken, dann können wir essen.»
Bald sitzen alle hinter den geblumten Tellern und löffeln vergnügt die herrliche Suppe. «Noch nie in meinem ganzen Leben habe ich so etwas Gutes gegessen!» schwärmt Susanne, und Michi nickt eifrig. Sagen kann er nichts, er hat den Mund voll.
«Schmeckt es, Simi?» fragt Tante Therese. Simi strahlt. Und wie es schmeckt! Die Tante kocht die beste Gemüsesuppe der Welt, sie ist Weltmeisterin im Suppenkochen!
Auch die Brötchen werden ratzekahl aufgegessen. Die Kinder sind sich einig: Besser kocht nicht einmal Mama!
Nach dem Essen schickt Tante Therese alle drei hinunter.
«Spielt ein wenig hinter dem Haus! Ich komme später nach.»
Simi blickt sie aufmerksam an.
«Was hast du, willst du noch etwas?»
«Fällst du nicht um?» fragt er.
«Ach nein, bestimmt nicht! Geh nur!»
Susanne holt ihren Puppenwagen, Michi fährt mit dem Dreirad auf der breiten Terrasse hin und her. Simi setzt sich mit Sami auf die Bank und schaut ins Grüne. Eine kleine Wiese liegt hinter dem Haus, eingezäunt mit breiten Holzlatten. Zuhinterst sieht Simi eine hohe Hecke aus Bäumen und dicken Sträuchern, davor steht ein Häuschen aus Holz. Ob wohl jemand dort wohnt? Eine Hexe

vielleicht? Susanne plaudert leise mit ihren Puppen, Michis Rad quietscht ein wenig, sonst ist es ganz still. Wo nur Tante Therese so lange bleibt? Am Ende hat sie einen Anfall? Simi schleicht ins Haus, die Treppe hinauf, späht in die Küche. Die Tante räumt Geschirr in den Schrank. Sie sieht ganz gesund aus.
«Fehlt dir etwas?» fragt sie.
«Ich schaue nur, ob es dir gut geht.»
«Es geht mir gut, du kannst beruhigt sein», lächelt die Tante.
Später setzt sie sich mit ihrer schwarzen Strickarbeit zu ihm auf die Bank. «Erzähl mir etwas», bittet der Bub, «etwas von diesem Häuschen. Wer wohnt dort?»
«Das ist nur ein Werkzeugschuppen, da wohnt niemand. Es hat Holz drin, und ein Schubkarren ist wohl auch noch da. Gerümpel halt. Die Wiese gehört zum Haus, auch die Hecke dort hinten. Ab und zu bringt der Nachbar ein paar Schafe und lässt sie hier weiden, deshalb der Zaun. Die Bäume hat alle mein Mann gepflanzt; er ist schon vor langer Zeit gestorben.»
«Darf ich auf dem Rasen Fussball spielen?»
«Selbstverständlich darfst du das, wenn du nicht alle Fensterscheiben zerschlägst.»
«Im Wohnblock darf man nicht auf dem Rasen spielen, nicht einmal betreten darf man ihn. Frau Hurni schimpft schrecklich.»
«Das hier ist eben kein Rasen, das ist nur Gras.»

«Wir haben Krautsuppe gekocht und beleidigtes Brot!» ruft Michi am Abend den Eltern zu.

«Wenn nur die Tante nicht beleidigt ist!» lacht Papa.
«Ich habe sie gut gehütet», erklärt Simi stolz, «sie ist kein einziges Mal umgefallen.»

Frau Hurni hat hier nichts zu sagen

Heute ist Sonntag, der letzte Ferientag. Die Sonne scheint durchs offene Fenster, Vögel zwitschern laut und fröhlich, Michi jauchzt irgendwo, aber Simi liegt immer noch im Bett. Am liebsten möchte er gar nie mehr aufstehen. Morgen beginnt ja die Schule. Er freut sich nicht auf die Schule, er hat Angst. Er drückt sein Gesicht in Samis weiches Fell.
«Weisst du, Sami, die Schule ist nicht schön. Ich kenne niemand dort. Thomas und Dani kommen nicht mit mir, sie gehen in eine andere Schule. Und die Lehrerin ist streng und böse, alle Lehrerinnen sind so, Frau Hurni hat es gesagt. ‹Warte nur, bis du in die Schule kommst, du wirst sehen. Die Lehrerin wird dir den Meister schon zeigen!› hat sie gesagt. Du musst auch zu Hause bleiben, Sami, die Lehrerin will dich nicht haben. Ich will nicht hingehen, aber ich muss. Alle Kinder müssen!»
Endlich rafft sich Simi auf und schleicht ans Fenster. Was tun sie eigentlich da draussen? Etwas Lustiges, sie lachen ganz laut. Michi saust im Zickzack zischen den Bäumen durch und grölt, Susanne rudert mit den Händen in der Luft umher und redet aufgeregt auf Papa ein. Der steht gebückt in der Wiese und hält etwas in den Händen. Steine?
«Was machst du dort, Papa?» ruft Simi neugierig.
«Eine Überraschung! Komm heraus, Schlafmütze, und hilf uns!» Heute dauert das Anziehen nicht lange. Im Nu ist Simi fertig und rennt hinaus.

«Was soll das sein?» Verwundert blickt er auf den niedrigen, viereckigen Kasten, den Papa aus Backsteinen aufgeschichtet hat.
«Das ist eine Feuerstelle, wir kochen heute im Freien bei diesem prächtigen Wetter. In der Hecke hinten hat es haufenweise trockene Äste, holt sie her!»
«Willst du ein Feuer machen? Hier auf der Wiese? Darfst du das? Weiss das die Tante?» Ganz erschrocken tönt das.
«Ich will, ich darf, sie weiss es. Hol jetzt Holz!» Susanne schleppt schon einen grossen, dürren Ast herbei, auch Michi bringt ein paar Hölzchen. Da will Simi nicht zurückstehen und flitzt zur Hecke. Papa zerkleinert das Holz in handliche Stücke.
«Das liegt schon jahrelang da. Es ist knochentrokken und wird wie Zunder brennen!»
Er zerknüllt einige Zeitungen und legt sie zwischen die Steinwände. Dann häuft er Holz darauf, zuerst ganz feine Zweige, dann dicke Äste. Nun zündet er das Papier an. Erwartungsvoll stehen sie da und beobachten andächtig, wie kleine Feuerzungen am Holz lecken, wie sie wachsen und zu hohen, hellen Flammen werden. Es ist ein wunderschönes Feuer und gehört ihnen ganz allein.
«Frau Hurni würde schimpfen, wenn jemand auf dem Rasen vor dem Block ein Feuer anzünden wollte», meint Simi versonnen.
«Das kann ich mir lebhaft vorstellen», schmunzelt Papa.
«Gottseidank hat Frau Hurni hier nichts zu sagen!» Plötzlich tanzt Susanne in hohen Sprüngen um das Feuer und singt: «O wie gut, dass niemand weiss,

dass ich Rumpelstilzchen heiss...» Da fangen Simi und Michi auch an zu hüpfen, und Papa steht daneben, legt Holz nach, freut sich und lacht übers ganze Gesicht.

Nach einer Weile fallen die Flammen in sich zusammen, ein dicker, rotglühender Teppich bedeckt den Boden. Papa legt ein altes Drahtgitter über die Steine und schickt Simi in die Küche: «Sag Mama, sie soll das Fleisch bringen!»

Mama ist schon bereit. Sie hat Fleischwürfel, Speckstreifen, Wursträdchen und Gurkenscheibchen auf Stäbchen gesteckt, einen richtigen kleinen Fleischberg trägt sie zum Feuer. Papa legt die Spiesschen auf das Gitter. «Gebt acht, dass sie nicht anbrennen!»

Mit roten Köpfen beugen sich Susanne, Simi und Michi über die Herrlichkeiten. Ist das eine Hitze! Es zischt und brutzelt, wenn ein Safttröpfchen in die Glut fällt. Wie das duftet! Papa stellt den Küchentisch auf die Terrasse und holt Stühle, Mama bringt Teller und Besteck, und Tante Therese kommt mit einer Riesenschüssel Salat. Auch einen Krug Himbeersirup hat sie bereitgestellt.

«Tante, du bist die Beste!» Papa macht übermütig eine Verbeugung und küsst ihr die Hand.

«Und du bist ein Narr!» brummt die Tante und versetzt ihm mit dem Salatlöffel einen Nasenstüber.

Es ist ein richtiges Festessen. Alle sind fröhlich und reden und lachen, und Mama sagt kein einziges Mal «pst, pst, die Nachbarn!», wenn Michi vor Freude laut kreischt.

Am Nachmittag geht Simi mit seinem Bären auf der

Wiese spazieren. Kein Mensch brüllt ihn an und jagt ihn weg. E kann gehen, wohin er will, er kann sich auf den Boden legen, Purzelbäume schlagen, herumrollen, er darf alles.
Er lehnt sich mit dem Rücken gegen die Zaunlatten und betrachtet zufrieden seine neue Heimat. Mama und Papa haben Liegestühle unter einen Baum gestellt und lesen. Zwölf Bäume zählt Simi auf der Wiese. Grüne, runde Äpfel und längliche Birnen gucken zwischen den Blättern hervor. Die Zwetschgen dort drüben schimmern schon ein wenig blau. Neben dem Holzschuppen breitet ein mächtiger, stark verzweigter Baum seine Äste aus, die Hecke dahinter ist ein richtiges Wäldchen.
«Weisst du was, Sami, ich glaube, es gefällt mir jetzt doch hier», vertraut Simi seinem Freund an. «Wenn nur Thomas und Dani hier wären, dann könnten wir morgen miteinander in die Schule gehen!»
Brrr – bschsch! schnaubt es plötzlich in Simis Rücken, und er spürt etwas Weiches, Warmes über seinen Nacken gleiten. Er fährt herum und schreit entsetzt auf. Ein riesiges Maul mit grossen, gelben Zähnen tut sich vor ihm auf, dunkle Nüstern blähen sich und blasen ihm warme Luft ins Gesicht. Simi macht vor Schrecken einen gewaltigen Sprung vom Zaun weg, ein grässliches Ungeheuer hat ihn überfallen! Er will schon weinen, da hört er jemand laut prusten. Er sieht sich um. Ein Mädchen mit langen Zöpfen sitzt rittlings auf dem Zaun und lacht Tränen.
«Fürchtest du dich etwa vor einem Pferd?» kichert es und zeigt auf das schwarze Ungetüm, das Simi

so erschreckt hat. Tatsächlich, ein Pferd streckt seinen grossen Kopf über den Zaun, zieht die Oberlippe hoch und zeigt seine Riesenzähne. Es sieht beinahe aus, als wollte es Simi auch auslachen. Er schämt sich ein bisschen.
«Gehört das Pferd dir?» fragt er.
«Natürlich nicht! Das sind Reitpferde, sie stehen nur bei uns im Stall.»
Reitpferde? Ach ja, jetzt sieht er es, drei sind es im ganzen, drei Pferde weiden auf der andern Seite des Zaunes.
«Wo wohnst du?»
Das Mädchen deutet mit dem Daumen über die Weide. «Dort drüben in diesem Bauernhaus. Wohnst du jetzt da?»
Simi nickt. «Ich heisse Simi.»
«Ich heisse Lena. Morgen komme ich in die Schule, in die erste Klasse. Ich freue mich, ich habe eine neue Schultasche und ganz neue Farbstifte und alles, und neue Schuhe hat mir meine Mutter auch gekauft. Kommst du auch in die Schule?»
«Ja, ich muss. Morgen. Aber ich freue mich nicht!»
«Warum nicht?»
«Ich kann nicht lesen und rechnen.»
«Ich auch nicht, du dummer Bub! Ich kann erst Lena schreiben, sonst nichts, das habe ich im Kindergarten gelernt.»
Simi schweigt. Dummer Bub, so etwas hört er nicht gern.
«Du, spielst du etwa noch mit einem Teddybären?»
«Nein», sagt Simi trotzig, «Sami ist mein Freund!»

Das Mädchen überlegt einen Augenblick, dann springt es zu Simi hinunter.
«Komm, ich zeige dir etwas. Aber es ist ein Geheimnis, du darfst es niemandem verraten, hörst du, nie-mandem! Versprichst du das?»
Für ein Geheimnis verspricht Simi alles. Er hat gern Geheimnisse. Lena fasst ihn an der Hand und zieht ihn mit sich fort, zum grossen Baum beim Schuppen.
«Weisst du, ich habe auch einen Freund», flüstert sie, «aber es ist kein Bär».
Geschickt wie ein Äffchen klettert das Mädchen zwischen die Äste. «Komm herauf!»
Hilflos blickt Simi in das Blättergewirr über seinem Kopf. Er ist noch nie auf einen Baum gestiegen.
«Wart einmal, ich helfe dir», Lena steht schon wieder neben ihm. «Leg den Bär ins Gras. Halt dich hier fest. Da kannst du einen Fuss hinstellen – und da – und dort!»
Mit Ächzen und Schnaufen, mit Schieben und Stossen gelingt es endlich, Simi sitzt sicher in einer Astgabel.
«Jetzt schau einmal, dort an diesem dicken Ast», raunt Lena, «siehst du es?»
Simi sieht es sofort. Der Baum hat ein Gesicht, ein Gesicht wie ein Mensch. Augen, Nase, Mund. Der Baum schaut ihn an.
Ehrfürchtig streicht Simi über die Rinde. «Ist der Baum dein Freund?»
«Ja, das ist er!» wispert Lena. «Hörst du die Blätter rascheln? Sie reden miteinander, sie erzählen Geschichten. Der Baum hört zu, er kann gut zuhören. Ich erzähle ihm auch alles, er versteht es.»

Simi schaudert wohlig. Ja, das will er gerne glauben, ein Baum mit einem richtigen Gesicht versteht alles.
«Könnte er auch mein Freund sein?» fragt er zaghaft. «Weil er doch auf unsrer Wiese steht?»
«Meinetwegen, aber du sagst es niemandem!»
«Niemandem!» wiederholt Simi ernsthaft und legt feierlich eine Hand auf seine Brust. Das muss man tun, wenn man etwas ganz fest verspricht, im Fernsehen machen sie es auch so.
«Willst du in der Schule neben mir sitzen?»
Simi nickt glücklich. Sein Herz ist auf einmal so leicht. Vielleicht ist der Baum daran schuld. Vielleicht ist die Schule doch nicht ganz so schlimm. Er kennt ja jetzt Lena, und sie haben zusammen ein Geheimnis, nur sie zwei.
«Papa, wie heisst der grosse Baum beim Schuppen?» fragt Simi beim Nachtessen.
«Das ist ein Ahorn. Warum willst du das wissen?»
«Nur so.»
Simi lächelt vor sich hin. Ahorn! Wie das klingt! Es passt alles zusammen. Ein Geheimnisbaum mit einem Geheimnisgesicht hat auch einen Geheimnisnamen. Es ist ein Ahorn!

Ein Bär hat in einer Schule nichts zu suchen

Simi steht steif wie ein Stock in der Küche und lässt sich von Mama ein letztes Mal mit dem Kamm durch die Haare fahren. Nun ist es soweit: Heute beginnt die Schule. Susanne ist schon lange bereit, ihr macht es nichts aus, dass sie zu lauter fremden Kindern in eine neue Klasse kommt.
Simi trägt die neue Schultasche mit dem gekrausten Kalbfell am Rücken. Ein neues Etui aus glänzendem Leder steckt darin, gefüllt mit Farbstiften, Bleistiften, Filzstiften. Simi hat es selber ausgewählt im Laden, der gelbe Teddybär darauf gleicht Sami. Wenn er nur Sami mitnehmen könnte! Simis Herz klopft. Etwas von seiner Angst ist zurückgekehrt. Wenn nun Lena gestern geflunkert hat? Wenn sie gar nicht in die Schule kommt? Vielleicht ist sie krank? Vielleicht hat sie ihn vergessen?
Sehnsüchtig blickt er zu Sami hinüber, der breit und gemütlich auf der Bank thront. Wenn doch Sami nur ganz winzig klein wäre, dann könnte er ihn in die Hosentasche schieben, und kein Mensch würde es merken. Aber Sami ist ein grosser Bär, nicht einmal in der Schultasche wäre genug Platz für ihn. Alle Kinder würden laut lachen, weil ein Bär in der Schule nichts zu suchen hat. Und Simi will nicht, dass sein Freund ausgelacht wird.
«Ich bringe noch schnell Michi zu Tante Therese hinauf», sagt Mama, «dann können wir gehen».

Simi schleicht zur Hintertür, öffnet sie behutsam und rennt dann über die Wiese zum Ahornbaum. Mit beiden Armen umfasst er den Stamm und legt seine Wange an die Rinde. Das Holz fühlt sich kühl und trocken an. Simi blickt hinauf ins Geäst. Er kann das Baumgesicht nicht sehen, aber es ist da, er weiss es. Es schaut auf ihn herab, das fühlt er genau. «Ich erzähle dir dann, wie es ist in der Schule», flüstert er und streichelt den Stamm. Dann huscht er in die Küche zurück.
Mama sucht ihn schon. «Wo hast du dich noch herumgetrieben? Es wird langsam Zeit.»
«Ich hatte noch etwas vergessen», brummelt Simi halblaut. Dann machen sie sich auf den Weg. Von allen Seiten strömen Schulkinder herbei, einzeln, zu zweit oder in Grüppchen. Einige werden von ihren Müttern begleitet, wie Simi, das sind wohl die Erstklässler. Es schnattert und lacht, es plaudert und schwatzt um Simi herum. Susanne spricht auf Mama ein, sie ist jetzt doch ein wenig aufgeregt, aber Simi hört nur halb hin. Seine Augen suchen Lena. Er sieht zwar viele kleine Mädchen, aber keines trägt lange Zöpfe. Wenn sie nun doch nicht kommt? Wenn sie eine andere Schule gemeint hat?
Da legen sich plötzlich zwei warme Hände über Simis Augen, und eine hohe Stimme piepst: «Wer bin ich?»
Endlich! Simi fällt ein Stein vom Herzen. Lena steht da, schlenkert ihre Zöpfe und lacht wie ein Spitzbub. «Hast du es nicht vergessen? Wir sitzen nebeneinander.»
Nein, das hat er gewiss nicht vergessen, er hat ja

an nichts anderes gedacht. Jetzt wird vielleicht doch noch alles gut, Lena ist da.
Die fröhliche Frau mit dem runden Gesicht ist sicher ihre Mutter. Sie streckt Simi die Hand entgegen: «Du bist wohl unser neuer Nachbar, grüss Gott, Simi. Lena hat mir von dir erzählt. Komm einmal zu uns, wenn du Lust hast!»
Simi strahlt sie an. Seine Angst ist wie weggeblasen. Lena hält ihn an der Hand, er ist nicht allein.
Die Lehrerin heisst Frau Steiner. Rote Blumen leuchten auf ihrem weissen Kleid. Sie hat lustige Augen und sieht weder streng noch böse aus. «Du bist sicher Simi», begrüsst sie ihn freundlich. «Es ist schön, dass du zu uns kommst, wir freuen uns.»
Sie freut sich. Ja, dann freut sich Simi auch! Zufrieden setzt er sich neben Lena, öffnet seine Schultasche, holt das Etui mit dem Teddybären heraus und legt es ins Pult. Von ihm aus kann es losgehen.

Am Nachmittag ist keine Schule. Simi sitzt in der Astgabel und lässt die Beine baumeln. Es war ein schweres Stück Arbeit, hier heraufzusteigen, niemand war da, um ihm zu helfen. Er musste jeden Griff, jeden Tritt selber ausprobieren. Einmal fiel er sogar hinunter. Es tat ziemlich weh, aber er biss die Zähne zusammen und probierte es noch einmal. Und jetzt hat er es geschafft. Er ist stolz.
Der Baum blickt ihn an mit seinen Rindenaugen. Er lächelt wahrhaftig ein bisschen, Simi sieht es gut.
«Du freust dich auch, dass ich klettern kann», stellt er fest. «Ich komme jetzt immer zu dir und erzähle dir alles. Du langweilst dich gewiss, du kannst ja

hier nicht weg, du bist angewachsen. Du weisst nicht einmal, wie es in der Schule ist. Ich weiss es jetzt.»

Simi lehnt sich an den Stamm und denkt an die Schule. An Frau Steiner und ihr schönes Kleid. An die Geschichte, die sie erzählt hat, die Geschichte von Karin, und wie sie sich vor der Schule fürchtet. Das bunte Bild an der Wandtafel hat auch Frau Steiner gemalt. Simi will es auch versuchen, genau das gleiche Bild wird er malen mit seinen neuen Farbstiften, Mama muss ihm ein Papier geben. Er denkt an Lena, an die Pause und an Martin, der ihn so erschreckt hat.

«Weisst du», erklärt er dem Baum, «Martin ist richtig dumm, Lena hat es ihm gesagt. Er hat den Mund so weit aufgerissen, dass ich alle seine Zähne gesehen habe. Er hat mich auffressen wollen! Sein Mund ist schrecklich gross, das kannst du mir glauben, und er hat viele, viele Zähne. Lena glaubt nicht, dass er mich fressen kann. Sie ist mutig. Sie ist einfach auf ihn losgegangen und hat ihm die Faust unter die Nase gehalten. Sie hat überhaupt keine Angst gehabt.»

Der Baum hört Simi zu. Er kann gut zuhören. Er sagt nichts, aber er versteht ihn.

«Lena hat mir geholfen, sie ist jetzt meine Freundin. In der Stadt habe ich auch zwei Freunde, Dani und Thomas. Aber die sind weit weg. Es macht nichts. Hier habe ich jetzt auch Freunde. Sami, Lena und dich.»

Fast bis nach Afrika

Jeden Morgen geht Simi nun zur Schule, manchmal auch nachmittags. Immer mit Lena, sie wartet auf ihn vor dem Bauernhaus. Er kennt den Weg, er kennt das Schulhaus, er kennt die Kinder seiner Klasse. Jeden Tag lernt er etwas Neues. Am liebsten hat er Lesen. Er will so schnell wie möglich lesen lernen. Tante Therese hat schöne, alte Bilderbücher. Von ihren zwei Töchtern, die schon als Schulkinder an einer schlimmen Krankheit starben. Kinderlähmung, dagegen konnte kein Doktor etwas ausrichten, Mama hat es Simi erzählt. Tante Therese ist jetzt nur noch ein bisschen traurig, es ist alles schon lange her. Manchmal holt sie die Bilderbücher hervor und erzählt von den Wurzelkindern, von den Wiesenzwergen und vom Leuchtturm. Simi könnte stundenlang zuhören, aber die Tante wird bald müde. Sie sagt: «Pass gut auf in der Schule, dann kannst du's selber lesen!»
Martin findet Lesen blöd. Er kann sich die Wörter nicht merken und kennt noch keinen einzigen Buchstaben. Aber im Turnen ist er schnell und stark. Er klettert fast so gut wie Lena, im Wettlaufen gewinnt er immer, und den Ball wirft er mit soviel Kraft, dass Simi ihn nicht halten kann. Dann lacht er ganz laut, und Simi schämt sich ein wenig. Martin ist nicht sein Freund. Aber Lena lässt es nicht zu, dass Martin Simi etwas tut. Sie schreit ihn an und zeigt ihm die Fäuste. Simi fürchtet Martin. Martin fürchtet Lena. Aber Simi hat keine Angst vor Lena. Sie ist seine Freundin. Und das Geheimnis

vom Baum wird er nie, nie verraten.
Lena kommt fast jeden Tag zu Simi. Dann sitzen sie zusammen im Ahornbaum und erzählen Geschichten. Der Baum hört gerne zu, er versteht alles. Manchmal raschelt er mit den Blättern, manchmal knackt ein Ast. Das heisst: «Ich bin froh, dass ihr da seid. Zu mir dürft ihr immer kommen. Mir dürft ihr alles sagen.»
Simi kann jetzt schon ganz gut allein hinaufsteigen. Gestern hat er sogar Sami mitgenommen.
Oft spielen Simi und Lena auf der Wiese. Oder sie kriechen durch die Hecke oder verstecken sich im Schuppen. Lena weiss immer etwas.
Heute ist sie nicht gekommen. Simi baut mit Michi eine Burg im Sandkasten vor der Terrasse. Papa hat vier starke Bretter zu einem Rahmen verschraubt und einen Karren feinen Sand hineingekippt. Es ist ein herrlicher Spielplatz. Man kann einen hohen Berg auftürmen und einen Tunnel bohren. Man kann Löcher graben und Wasser hineingiessen. Man kann Sandkuchen backen, mit Gänseblümchen und Blättern einen kleinen Garten anlegen oder mit Zweigen eine Weide für Michis Holzkühe einzäunen.
Michi hat grosse Schweisstropfen auf der Nase. Er schaufelt aus Leibeskräften einen tiefen Wassergraben. Simi klopft die Wände der Burg schön flach. Mit einer Kuchenform setzt er lauter kleine Gugelhöpfchen auf die Mauer, das sind Türmchen und Zinnen. Er legt ein schmales Brettchen über den Graben. Das ist die Brücke. Simi formt ein Weglein, das im Zickzack vor die Burg führt. Dann holt er in der Hecke Zweige und Ästchen. Das sind

Bäume und Sträucher. Er steckt sie beidseits des Weges zu einem dichten Wäldchen in den Sand. Bären und Wölfe können sich darin verstecken. Es ist eine gefährliche Gegend. Wilde Räuber schleichen den Berg hinauf und wollen die Burg überfallen. Aber der Burgherr zieht die Brücke in den Hof zurück, und die Angreifer stehen am Graben und wissen nicht weiter. Simi muss lachen, wenn er an ihre dummen Gesichter denkt.

«Was willst du mit dem Wasser?»

Michi steht mit einem Kessel vor der Burg. «Das ist für den Wassergraben, ich habe es am Brunnen geholt.»

«Pass auf, zu zertrittst den Weg! Gib den Kessel, ich mache das!»

«Ich will selber, ich will selber!» schreit Michi und wehrt sich.

«Schau doch, was du anstellst, du stehst ja mitten im Wald, du Dummkopf!»

Simi zerrt am Henkel. Aber Michi will nicht schauen, er will auch nicht hören, er will den Kessel. «Lass los, lass los! Es ist mein Kessel!» schreit er und stampft zornig.

«Du bist ein Blödian, du zertrampelst ja alles!» brüllt Simi und reisst Michi den Kessel mit aller Kraft aus den Händen.

Platsch – pardauz – der Kessel fällt auf die Mauer, und ein Schwall von Wasser überschwemmt den Burghof. Einen Augenblick lang sind beide starr vor Schrecken. Dann fährt Simi wie ein kleiner Teufel auf Michi los: «Siehst du, du blöder Kerl, immer machst du alles kaputt! Warte nur, ich will dir zeigen!» Er hebt drohend die Fäuste.

Heulend flüchtet Michi zu Tante Therese, die auf der Bank strickt. Simi stürzt ihm nach.
Aber die Tante wehrt ab: «Lass ihn, er ist ja noch so klein und hat es bestimmt nicht mit Absicht getan! Du warst auch einmal so ungeschickt.»
Simi könnte weinen vor Zorn. Das sagen sie immer, er mag es schon gar nicht mehr hören!
«Michi ist noch klein! Du bist der Grosse! Du solltest gescheiter sein!»
Er schnieft, reibt die Tränen aus den Augen und geht zum Sandkasten zurück. Schlimm sieht es aus. Das Wasser hat einen Teil der Mauer weggeschwemmt, der Kessel ist den Berg hinuntergerollt und hat Brücke und Weg zerstört. Und überall Michis Fussabdrücke! Grimmig beginnt Simi, den Schaden auszubessern. Sein Bruder soll ihm nicht mehr in die Nähe kommen, sonst! Tantes Stricknadeln klappern, drinnen surrt die Nähmaschine. Mama muss für alle Fenster Vorhänge nähen, die alten passen nicht.
Das Haus steht etwas abseits an einem Feldweg. Hier fahren keine Autos vorbei, bloss ab und zu ein Traktor. Das Dorf beginnt erst jenseits der Pferdeweide, dort, wo Lena wohnt. Auf der andern Seite des Hauses ziehen sich Felder und Wiesen weit hinaus bis zu einem dunkelgrünen Streifen Wald. Simi hört ein Flugzeug brummen. Hoch oben im blauen Himmel fliegt es davon nach Afrika oder nach Amerika. Es blitzt in der Sonne wie Silber. Wenn Simi ein Mann ist und viel Geld hat, wird er eines Tages in ein Flugzeug steigen und in die Ferne reisen, dorthin, wo die Affen in den Bäumen lärmen, wo Löwen und Tiger durchs Gebüsch

schleichen, und wo die Blumen so gross sind wie Mamas Sommerhut. Und blaue Vögelchen schwirren herbei, bleiben in der Luft stehen wie ein kleiner Helikopter und saugen mit ihren langen, feinen Schnäbelchen den Honig aus den Blütenglocken. Wie im Fernsehen. Simi kann das Propellergeräusch der winzigen Flügelchen deutlich hören.
Surrt da ein richtiger Helikopter? Simi sucht den ganzen Himmel ab, aber ausser zwei schwarzen Vögeln, die krächzend aus der Hecke aufsteigen, kann er nichts entdecken. Das Geräusch tönt vom Wald herüber, aber es ist kein Traktorlärm. Traktoren knattern anders. Ein grünes Monstrum schiebt sich über den Feldweg heran, es knurrt und brummt, kommt näher, dröhnt immer lauter. Simis Herz klopft heftig, aber er stellt sich tapfer an den Zaun und beobachtet das gewaltige Fahrzeug. Vor einer Maschine nimmt er nicht Reissaus, er nicht. Vor einer Maschine steckt er nicht den Kopf in Tantes Rock, so wie Michi. Und das fremde Ungeheuer ist eine Maschine, er weiss nur nicht, wozu man sie braucht. Hohe, dicke Räder drehen sich Simi entgegen, der Auspuff raucht. Und wo ist der Fahrer? Soviel weiss Simi, solche Riesenmaschinen bewegen sich nicht von allein. Ach ja, dort oben sitzt er, in einem richtigen, kleinen Häuschen aus Glas. Er kurbelt am Lenkrad und steuert das Ungetüm in den Weizenacker neben dem Haus. Simi erschrickt. Die Ähren stehen ganz dicht, das Feld sieht aus wie ein gelber See. Wenn der Wind darüberweht, gibt es weiche Wellen. Papa hat streng verboten, darin herumzustromern. Aus den

Weizenkörnern werde Brot gebacken. Und dieser Mensch fährt mit dem grünen Riesending einfach hinein. Jetzt geht es erst richtig los mit dem Lärm. Es jault und rattert, Simi hält sich die Ohren zu. Vorne frisst die Maschine Halme in sich hinein, hinten spuckt sie eine Wolke von fein gehacktem Stroh aus.

Simi kann sich nicht vorstellen, wie das mit dem Brotbacken vor sich gehen soll, dieses lärmige Ungeheuer zerstört ja alles. Ein breites, kahles Band schneidet es in den goldenen See, es bleibt nichts zurück als unordentliche Stoppeln.

Jetzt brummt es auch vom Dorf her.

Ein Traktor mit zwei Anhängern fährt vor. Ein Mann springt vom Traktor, ein Mädchen mit Zöpfen klettert aus einem Wagen. Lena! Simi schlüpft durch den Zaun und saust zu ihr hinüber.

«Hast du gesehen?» keucht er. «Er macht alles kaputt, alles!»

«Wer?» fragt Lena verständnislos.

«Der Mann mit der komischen Maschine!»

Lena wundert sich. «Hast du noch nie einen Mähdrescher gesehen? Der muss das machen!»

«Was machen?»

«Weizen dreschen halt.»

Aha. Simi fragt nicht weiter. Er begreift zwar nichts, aber er will sich nicht auslachen lassen. Der Mähdrescher ist am Ende des Feldes angelangt, wendet und fährt wieder auf sie zu. Simis Füsse zucken, sie möchten wegrennen, aber Lena bleibt ruhig stehen. Das haushohe Ungetüm nähert sich, jetzt hält es an. Der Fahrer öffnet die Führerkabine und klettert die kleine Leiter herab. Er bespricht

etwas mit Lenas Vaters. Simi staunt ihn an. Er sieht eigentlich ganz gewöhnlich aus, dabei muss er sicher stark sein wie ein Riese, sonst könnte er diese Maschine nicht bändigen.
«Wollt ihr mitfahren?»
Wen meint er wohl? Simi schielt zu Lena, aber die ist schon auf der Leiter und steigt behend die Stufen hinauf.
«Komm, Simi, komm!» Er folgt ihr zögernd. Lena streckt ihm die Hand entgegen und zieht ihn herauf. Der Fahrer steigt auch wieder ein und schliesst die Tür. Es ist wirklich fast wie ein Häuschen hier oben, lauter Fenster ringsum. Und der Lärm ist hier drinnen viel weniger schlimm. Mit grossen Augen betrachtet Simi die vielen Schalter und Knöpfe. «Hat ein Flugzeug auch soviele Lampen und Hebelchen?» fragt er den Mann.
«Noch einige mehr!» lacht er. «Aber es fliegt ja auch höher.»
Für Simi ist es hier hoch genug. Tief unter ihm wogen die Ähren, er schwebt darüber hinweg. Er glaubt nicht, dass Fliegen schöner ist. Seine Angst ist vollkommen verflogen, der Fahrer weiss ganz genau, was er tun muss. Er schaltet und knipst und drückt, und die Maschine gehorcht jedem Wink. Stolz wie ein König winkt Simi zu Michi hinunter. Aber das Brüderchen sitzt bei der Tante auf der Bank und schaut kein einziges Mal zu Simi hinauf. Immer nach ein paar Runden hält der Mann den Mähdrescher an und lässt durch ein Rohr eine Flut von kleinen, hellbraunen Körnern in einen der Anhänger strömen. Wie das ganze Feld abgemäht ist, sind beide Wagen bis oben voll.

Glücklich klettert Simi hinter Lena die Leiter hinunter.
«Es war schön. Wie im Flugzeug. Danke!»
«Gern geschehen!» Der Fahrer schliesst die Tür der Kabine und fährt davon, zum nächsten Weizenfeld. Simi hört den Mähdrescher noch lange brummen. Später auf dem Baum hat er das Geräusch immer noch im Ohr.
«Es war wie im Flugzeug», erzählt er dem Gesicht. «Ich sass ganz hoch oben und konnte weit, weit über alles hinwegblicken, fast bis nach Afrika.»

Holundersirup schmeckt nach Afrika

«Hört ihr die Spatzen schilpen?» Tante Therese lässt die Strickarbeit sinken und lauscht. «Ich glaube, der Holunder ist reif.»
«Welcher Holunder?»
Simi und Michi probieren beim Brunnen ein Wasserrädchen aus, Papa hat ihnen beim Zusammensetzen geholfen.
«Der grosse Strauch hinter dem Schuppen heisst so, der mit den vielen kleinen Beeren. Schaut einmal nach, ob sie schwarz sind!»
Simi und Michi rennen zur Hecke. Mit Gekreisch und Geschimpfe stiebt ein Vogelschwarm aus dem Gebüsch. Der Strauch ist über und über behangen mit Trauben voller schwarzglänzender Beeren.
«Sie sind reif, Tante, ganz schwarz! Was macht man damit? Kann man sie essen?»
«Roh schmecken sie nicht gut, aber ich habe früher immer Konfitüre daraus gekocht und Sirup. Holundersirup ist gut gegen Erkältungen. Ja, ja, das war früher.» Die Tante nickt nachdenklich. «Seit vielen Jahren fressen die Vögel die Beeren, sie plündern einen grossen Busch in wenigen Tagen. Für wen hätte ich Konfitüre kochen sollen? Ich brauche nicht viel für mich allein. Und Holundersirup will auch niemand mehr trinken, heute läuft man lieber in die Apotheke und kauft teure Pülverchen und Tropfen. Früher hatte man kein Geld für solches Zeug!»
«Tante, wir sind doch da, jetzt kannst du für uns Sirup kochen», schlägt Michi vor.

«Ach nein, ich bin zu alt. Holunder macht viel Arbeit, und ich mag nicht mehr tagelang in der Küche stehen. Vielleicht hat Mama Zeit, fragt sie!»
Die Buben stürzen ins Haus. «Mama, Mama, kannst du Holundersirup kochen? Holundersirup ist besser gegen den Husten als das teure Zeug aus der Apotheke!»
«Also, ich hab's noch nie versucht, aber ich könnte es sicher lernen.»
«Die Tante kann es, die Tante kann es!» ruft Michi aufgeregt. «Sie zeigt dir, wie.»
«Aber dann müsst ihr mir helfen. Ich habe keine Zeit, die Beeren abzuzupfen.»
Sie stürmen wieder hinaus. «Mama ist einverstanden, aber wir müssen ihr helfen. Tante, wie zupft man Holunderbeeren?»
Tante Therese holt einen Korb und geht mit den Buben zur Hecke. Die Vögel sind wieder da, hüpfen eifrig von Zweig zu Zweig, piepsen, picken und schnabulieren.
«Sch – sch!» die Tante klatscht in die Hände. Das hören die Beerendiebe nicht gern. Aufgescheucht flattern sie umher, die Spatzen schimpfen, die Amseln schreien Zeter und Mordio.
«Ja, ja, beruhigt euch, ihr bekommt noch genug!» Tante Therese löst die schwarzen Trauben sorgfältig vom Ast und legt sie in den Korb, immer noch eine und immer noch eine, bis der Korb fast überquillt.
«So, tragt ihn zurück auf die Terrasse und holt Geschirr in der Küche!»
Bald sitzen sie auf der Bank und zupfen mit spitzen Fingern die schwarzen Kügelchen von den Rispen.

Mama hat erst gestern zu Papa gesagt: «Ich weiss nicht, wie sie es macht. Bei mir sind die Buben oft ungezogen, maulen und wollen nicht gehorchen, aber bei Tante Therese sind sie die reinen Engel.» Papa weiss es auch nicht, aber es stimmt. Wenn Tante über ihren Brillenrand blickt, verwandeln sich wilde Lausbuben in sanfte Schäfchen.
«Ich weiss ein Liedchen, ich habe es als kleines Mädchen immer gesungen», erzählt sie.
«Ringel ringel Reihe,
sind der Kinder dreie,
sitzen unterm Holderbusch,
rufen alle husch husch husch!»
Simi und Michi sind mäuschenstill und zupfen und zupfen. Die Arbeit geht leicht von der Hand, wenn Tante von früher berichtet. Sie können sich fast nicht vorstellen, dass die grosse, schwarzgekleidete Tante einmal ein lustiges, kleines Mädchen war, das übermütig umherhüpfte und Liedchen trällerte.
«Tante, jetzt hast du noch gar nie einen Anfall gehabt», sagt Simi plötzlich.
«Du hast recht, ich kann es selber kaum glauben. Ich weiss halt jetzt, dass im Notfall jemand da ist und mir hilft. Ihr tut mir gut.»
«Wir tun der Tante guuuut, wir tun der Tante guuuut!» singen Simi und Michi und stellen Mama zwei Schüsseln voll Holunderbeeren auf den Küchentisch.
«Mir kommt es eher umgekehrt vor, die Tante tut euch gut!» meint Mama.

«Simi, Simi, wo bist du?» ruft es draussen. Das ist Lena.
Simi läuft hinaus.
«Hast du jetzt gefragt? Dürfen wir?»
Nein, Simi hat nicht gefragt, er hat es vor lauter Holunder vergessen.
«Was hat der Grashüpfer auf dem Herzen?» Tante Therese nennt Lena immer Grashüpfer, weil sie dauernd in Bewegung ist und umherspringt wie ein Heupferdchen. «Sie erinnert mich an meine Kinderzeit», sagt die Tante, «ich war auch so eine wilde Hummel.»
«Simi möchte Sie etwas fragen.»
«Dann soll er den Mund aufmachen, ich kann keine Gedanken lesen.»
«Also, frag jetzt!» Lena pufft Simi mit dem Ellbogen.
«Weisst du, Tante Therese, wir haben uns etwas ausgedacht», beginnt Simi zögernd. «Im Schuppen hat es viele Stangen und Tücher. Wir möchten ein Zelt bauen damit. Erlaubst du es?»
«Meinetwegen, aber stellt nicht alles auf den Kopf!»
Simi und Lena sausen zum Schuppen und zerren am Riegel. Da hält der Bub inne.
«Komm, wir wollen es ihm zuerst sagen!»
Flink klettern sie auf ihren Hochsitz im Ahornbaum und erzählen dem Rindengesicht von ihrem Plan. Der Baum hat nichts einzuwenden und raschelt freundlich mit seinen Blättern.
«Er meint, wir sollen das Zelt hier aufstellen, unter seinen Ästen, dann kann er auch dabeisein», behauptet Lena.

«Gut, dann bauen wir es um den Stamm herum, so kann er alles hören.»
Und nun gehen sie ans Werk. Sie schleppen Stangen herbei, schieben sie zwischen die tieferliegenden Äste und lehnen sie schräg an den Stamm. Dann verhüllen sie das Gerippe mit Tüchern, nur einen schmalen Schlitz lassen sie offen. Sie schlüpfen hinein. Sehr geräumig ist es nicht, sie müssen kriechen, sonst stossen sie mit den Köpfen überall an. Aber das macht nichts, es ist eine herrliche Höhle. Ein geheimnisvolles Dämmerlicht herrscht hier drinnen, nicht zu hell, nicht zu dunkel, genau richtig. Sie kauern beim Stamm und schwatzen halblaut. So kann der Baum zuhören.
Am nächsten Morgen sieht Simi eine Reihe schwarzer Flaschen auf dem Küchenschrank stehen. «Was ist da drin?»
Mama lächelt. «Das ist jetzt eben euer Holundersirup. Ich habe ihn gestern noch eingekocht, Tante Therese hat mir das Rezept verraten.»
«Wie schade, dass ich keinen Husten habe!»
«Man kann ihn auch ohne Husten trinken. Wenn du heute aus der Schule heimkommst, öffnen wir eine Flasche.»
Erwartungsvoll stehen Simi, Lena und Michi am Nachmittag in der Küche. Mama schenkt jedem Kind ein Glas Sirup ein. Das Glas in der einen, ein Butterbrot in der anderen Hand, wandeln sie zum Zelt unter dem Ahornbaum. Michi darf mitkommen, er will artig sein. Im Zelt ist es gemütlich. Sie essen und trinken. Der Sirup hat einen fremdartigen, würzigen Geschmack.

«Der Holundersirup ist fein, er schmeckt nach Afrika», stellt Simi fest und leckt sich die Lippen.
«Es ist überhaupt schön hier!» findet Lena. «Hier könnte man gut wohnen, sogar schlafen. Wollen wir heute im Zelt schlafen?»
«Mein Bett geht hier nicht rein», wehrt Michi ab.
«Doch nicht im Bett, du Dummer! Auf dem Boden! Wir nehmen eine Decke und wickeln uns ganz warm ein.»
Nein, Michi macht auf keinen Fall mit. Er schläft in seinem Bett und sonst nirgends. Aber Simi findet die Idee toll.
«Komm, wir wollen Mama fragen!»
Aber Mama ist weniger begeistert. «Ist euch eigentlich noch zu helfen? Im Zelt schlafen, im Herbst! Ihr würdet frieren wie die Schlosshunde und nach spätestens einer Stunde mit den Zähnen klappern vor Angst.»
Angst! Unter dem Ahornbaum! Welch merkwürdiger Einfall.
«Wir fürchten uns bestimmt nicht!» beteuert Lena. «Ich nehme meine Taschenlampe mit, und wir halten uns an den Händen.»
«Und Sami möchte schon lange einmal in einem Zelt schlafen», fügt Simi hinzu.
Aber Mama will nichts davon hören. «Ich kann das nicht verantworten, ihr seid einfach noch zu klein.»
«Du solltest es ihnen erlauben!»
Verblüfft drehen sie sich um. Die Hilfe kommt unerwartet.
Tante Therese steht unter der Tür.
«Ist das dein Ernst?» Mama ist ganz entgeistert.
«Ja, das ist mein Ernst. Mein Bruder und ich

bauten einmal eine prächtige Hütte. Wir wünschten uns nichts inniger, als darin zu schlafen. Aber Mutter schlug es rundweg ab. Ich glaube heute noch, etwas versäumt zu haben. Es kann ihnen nicht viel passieren. Schlimmstenfalls fürchten sie sich ein wenig, dann kommen sie eben ins Haus.»
Mama ist unsicher. «Wenn du meinst . . .»
«Ja, ich meine es!»
Lena muss auch noch um Erlaubnis fragen, aber sie ist schnell wieder zurück. «Ich darf, ich darf!» jubelt sie schon von weitem. «Ich habe den Vater gefragt, wenn er ja sagt, sagt Mutter auch nicht nein. Er hat nur gelacht. Aus mir hätte gescheiter ein Bub werden sollen, und meine Nase werde erfrieren, nicht seine.»
Papa ist nach Hause gekommen. «Ihr wollt also ein Biwak machen? Da muss ich alter Soldat wohl noch ein bisschen nach dem Rechten sehen.»
«Was ist ein Biwak, Papa?»
«Eben, draussen übernachten. Beim Militär nennt man das biwakieren.»
Mit Draht und Nägeln befestigt er das Zelt, damit ihnen nicht um Mitternacht die ganze Geschichte auf den Kopf fällt. Dann holt er Luftmatratzen und Schlafsäcke vom Estrich. «Denen schadet es auch nichts, wieder einmal frische Luft zu atmen.»
Simi und Lena übernachten fast eine Woche lang in ihrem Zelt, bis das Wetter umschlägt und die ganze Herrlichkeit weggeräumt werden muss. Sie fürchten sich überhaupt nicht, der Baum ist ja bei ihnen, da kann ihnen gar nichts passieren.
«Sie werden noch ihren Enkelkindern davon erzählen», sagt Tante Therese zufrieden.

Schafböcke kommen von hinten

Hurra, Ferien! Simi schmettert seine Schultasche in eine Ecke und rast zur Hintertüre hinaus. Der Baum muss es sofort wissen: Vier ganze Wochen lang keine Turnstunde, kein Martin, keine Hausaufgaben!
Für Simi wären die paar Stufen nicht nötig. Er findet es viel lustiger, mit einem weiten Sprung in die Wiese hinauszufliegen. Aber heute bleibt er wie angenagelt stehen. Ungläubig schüttelt er den Kopf. Im Gras weiden Schafe, weisse und braune Schafe! Wo kommen denn die her? Sie rupfen eifrig an den Grashalmen und bimmeln fröhlich mit ihren Glöcklein. Ein Drahtzaun versperrt ihnen den Weg zum Garten und zum Strässchen.
«Mama, gehören die Schafe uns?»
«Natürlich nicht. Lenas Bruder hat sie heute herübergebracht. Sie werden ein paar Tage hierbleiben und die Wiese abweiden. Und weisst du, was er sonst noch gebracht hat? Eine Einladung! Morgen sind wir alle bei Lenas Mutter zum Mittagessen eingeladen, weil Lena bei dir im Zelt schlafen durfte.»
Simi ist noch nie bei Lena gewesen, er kennt ihre Eltern nur vom Sehen. Und jetzt soll es da noch einen Bruder geben? Simi freut sich nicht. Schon wieder lauter fremde Leute!
Eine Einladung. Für die ganze Familie. Das muss der Baum auch erfahren. Nur – wie ist das jetzt mit diesen Schafen? Simi steht auf der Terrasse und betrachtet grübelnd die Eindringlinge. Darf er ihnen

trauen? Vielleicht beissen sie? Eigentlich sehen sie ganz gemütlich aus, rund und wollig und nicht sehr gefährlich. Er will es wagen. Vorsichtig steigt er über den Zaun. Die Schafe blicken sich kaum nach ihm um. Vorsichtig umrundet er sie in einem weiten Bogen. Eines hebt den Kopf, die andern grasen friedlich weiter. Geschafft!
Simi freut sich zu früh. Irgendwo kreischt Michi: «Simi, der Bock, der Bock!» Simi spürt einen heftigen Stoss im Rücken, fliegt der Länge nach ins Gras und streckt alle Viere von sich. Es tut nicht weh, aber er ist fürchterlich erschrocken. Er schaut hastig zurück. Da steht ein dickes Schaf mit einem breiten Kopf und funkelt ihn mit kampflustigen Augen an. «Weisst du jetzt, wer hier der Meister ist?» heisst dieser Blick. «Falls du noch nicht genug hast, kann ich's dir ja noch einmal zeigen!» Simi hat genug. Am liebsten möchte er weinen, aber dann lacht ihn das dumme Tier am Ende noch aus. «Mach, dass du fortkommst!» schreit er und schüttelt die Faust. Das Schaf blökt ein paarmal laut heraus. «Schaut alle her, ich bin der Grösste, ich habe einen ganz gefährlichen Angreifer in die Flucht geschlagen!» Dann stolziert es zur Herde zurück.
Simi rettet sich mit einigen Sprüngen auf den Baum und klagt ihm sein Leid. «Wie soll ich jetzt zu dir kommen, wenn dieses Vieh da unten auf mich lauert? Und wie komme ich wieder ins Haus? Ich traue mich nicht mehr auf die Wiese.» Er schmiegt sich eng an den Stamm. «Und morgen soll ich bei diesen Leuten essen. Ich mag gar nicht hingehen, sie haben vielleicht noch mehr so eklige Tiere.»

Simi umfasst seinen Freund mit beiden Armen und legt die Stirne an den Stamm. Er lauscht auf das Blätterrauschen. Und plötzlich weiss er es: Aussen herum! Er kann hinter dem Schuppen durch den Zaun kriechen und so dem Untier auf der Wiese ausweichen. Das hat ihm der Baum gesagt. Simi ist ganz sicher. «Danke, dass du mir geholfen hast», flüstert er und streichelt die rauhe Rinde.

Susanne will sich totlachen, als Simi beim Mittagessen sein Abenteuer erzählt. «Du bist wirklich ein Angsthase! Fürchtest dich vor ein paar Schafen.»

«Du darfst ihnen ein wenig Salz bringen, wenn du so tapfer bist, das lecken sie gerne», schlägt Mama vor.

Gewiss, das will Susanne tun, und alle müssen zuschauen. Sie hat keine Angst vor Schafen, ganz sicher nicht!

«Aber der Bock wirft dich um, dann brüllst du! Ich habe es gesehen bei Simi», prophezeit Michi und nickt ein paarmal eifrig.

«Quatsch! Wenn ich ihm Salz gebe, tut er mir nichts.»

Und wirklich. Die Schafe drängen sich um Susanne, lecken ihr das Salz aus der Hand und lassen sich streicheln. «Seht ihr, kein Grund zum Fürchten!» ruft sie grossspurig und wendet sich zur Terrasse, wo die Familie gespannt das Schauspiel verfolgt.

«Ich jedenfalls habe keine . . .»

Bauz, da liegt sie. Wie eine Kanonenkugel ist der Widder aus dem Tierklüngel hinausgeschossen und hat das Mädchen zu Boden geworfen. Michi hopst vor Vergnügen, Simi schüttelt sich vor Lachen, und Papa und Mama halten sich die Bäuche.

«Widder darf man nie unterschätzen», tönt TanteThereses tiefe Stimme von oben aus dem Fenster. Sie hat die Vorstellung auch gesehen. «Man darf sie nie aus den Augen lassen, Schafböcke kommen immer von hinten!»

Am nächsten Tag spaziert die ganze Familie durch den Feldweg zu Lenas Bauernhaus. Mama hat einen Kuchen gebacken, und Susanne trägt stolz einen Busch Dahlien vor sich her, gross wie ein Wagenrad. Den Strauss hat Tante Therese geschnitten. Sie will lieber daheimbleiben, einmal ein ruhiger Sonntag komme ihr nicht ungelegen, hat sie gesagt. Michi hüpft an Papas Hand und schwatzt wie eine Elster, und Simi muss sich wieder einmal den Kopf zerbrechen. Wieviele Leute sind wohl dort? Er wäre viel lieber bei Tante Therese geblieben, aber erstens will die Tante ihre Ruhe haben, zweitens wäre es unhöflich, und drittens soll er sich nicht immer so anstellen, sagt Papa.

«Du, Susanne», Simi zupft seine Schwester am Ärmel, «was heisst das, sich anstellen?»

«Du sollst nicht immer so dumm tun!» wird er abgefertigt.

Erbittert stapft er nebenher. Er tut nicht dumm, er mag nur keine fremden Leute.

Ein riesiger Hund mit langen, schwarzen Haaren liegt vor dem Haus. Als er sie kommen sieht, steht er auf, wedelt mit dem Schwanz und gähnt. Simi bleibt stehen. Der hat ja fürchterliche Zähne!

«Ella tut euch nichts, kommt nur, kommt nur!» Lena hüpft zur Türe heraus. «Die Mutter hat einen langen Zopf gebacken und das schöne Geschirr aus dem Schrank genommen.»
«Und du hältst jetzt einen Augenblick deinen Schnabel, damit man sich auch anständig begrüssen kann!» Das ist Lenas Vater. Er heisst die Gäste eintreten. Und dann geht es los mit Vorstellen, Händeschütteln und Reden, Simi weiss nicht, wo ihm der Kopf steht. Hier sind ganz entschieden zuviele Leute! Er atmet richtig auf, als er endlich auf einem Stuhl sitzt und in Ruhe gelassen wird.
Während Simi auf die Suppe wartet, versucht er, ein bisschen Ordnung in die Sache zu bringen. Da ist also der Vater zuoberst am Tisch, daneben sitzen die Mutter und der Grossvater. Dann kommen Lenas Brüder, der mit den Schafen ist ein grosser Bub, der andere schon fast ein Mann. Neben Lena sitzt der Lehrling, und eine Lehrtochter haben sie auch noch. Welch ein langer Tisch! Und was für eine Familie!
Der Mann am untern Tischende heisst Kobi. Er ist alt und ganz krumm. Vierzehn Personen sitzen am Tisch, so etwas hat Simi noch nie gesehen! Alle reden, essen, lachen, stossen mit den Gläsern an, nur von Kobi hört man kein Wort. Simi muss immer heimlich zu ihm hinübersehen. «Das ist unser Tierpfleger», hat Lenas Vater gesagt, «er ist schon viele Jahre bei uns und passt auf, ob wir alles recht machen. Ohne Kobi müssten wir die Kühe verkaufen, er ist ein halber Viehdoktor.» Und dabei hat er dem alten Mann zugezwinkert.
Kobi schaufelt das Essen wortlos in seinen Mund.

Plötzlich steht er auf und schlurft hinaus.

«Was hat er?» fragt Susanne erschrocken. «Ist er wütend?»

«Lass ihn nur machen», beruhigt sie der Bauer, «Kobi ist ein Sonderling, aber er tut niemandem etwas zuleide. Lesen und schreiben kann er zwar nicht, aber gearbeitet hat er immer. Mit Tieren kann er unglaublich gut umgehen, Kühe und Pferde behandelt er wie Menschen, und Ella ist sein Ein und Alles. An Neues gewöhnt er sich nicht leicht, und fremde Leute sind ihm verdächtig!»

«Da müsste er sich eigentlich prächtig mit Simi verstehen. Unser Sohn ist nämlich zuerst auch immer gegen alles», sagt Papa.

Simi kriegt rote Ohren. Sie lachen wieder einmal über ihn.

«Dann wollen wir uns jetzt dem Fruchtsalat und dem feinen Kuchen widmen», meint Lenas Mutter, «dagegen wird er wohl nichts einzuwenden haben.»

Lena hat auch richtige Katzen

Nach dem Essen wird es ein wenig mühsam. Die Grossen sitzen und sitzen, reden, trinken Kaffee und reden wieder. Lena schwatzt mit Susanne, Michi ist auf Mamas Schoss geklettert, saugt am Daumen und schläft halb. Simi möchte wissen, wo Kobi hingegangen ist, aber er wagt nicht zu fragen. Er muss immer über den seltsamen, kleinen Mann nachdenken. Ob er mit Schafböcken auch so gut umgehen kann?
Endlich rutscht Lena hinter dem Tisch hervor. «Kommt, wir wollen draussen spielen!»
Michi will bei Mama bleiben, er lässt sich manchmal gerne noch ein wenig hätscheln, aber Simi und Susanne lassen sich nicht lange bitten. Erwachsene sind hin und wieder ziemlich langweilig.
«Zeigst du mir deine Puppen?» Erwartungsvoll schaut Susanne Lena an. Aber Lena rümpft die Nase, mit Puppen kann sie nicht viel anfangen. Als kleines Mädchen hat sie noch mit ihnen gespielt, aber jetzt weiss sie nicht einmal mehr, wo sie hingekommen sind.
«Ich zeige euch lieber meinen Bauernhof.» Sie schleppt eine grosse Kiste zur Bank vor dem Haus. Simi staunt. Was seine Freundin da alles auspackt! Einen hölzernen Stall stellt sie auf mit kleinen Kühen, Pferden, Schweinen, Schafen, Ziegen. In einem hübschen Häuschen mit schrägem Dach wohnen Hühner, Gänse und Enten. Die Scheune quillt beinahe über vor lauter Traktoren, Wagen und Maschinen.

«Damit kann ich richtig arbeiten, genau wie der Vater», erklärt Lena und beweist es auf der Stelle. Sie hängt eine Sämaschine an den Traktor und kurvt damit auf dem Boden herum.
«Ach, wie hübsch!» ruft Susanne entzückt und streichelt eine winzige Holzkatze. Sie ist schwarz und weiss gefleckt und streckt das Schwänzchen steil in die Höhe. Eine Weile hat Susanne nichts mehr von Katzen gesagt, aber in letzter Zeit hat sie Mama wieder jeden Tag an ihr Versprechen erinnert.
«Wir haben auch richtige Katzen», bemerkt Lena und spannt ein Pferd vor einen Karren.
«Darf ich sie sehen? Darf ich sie sehen?» Susanne ist ganz aufgeregt.
«Zuerst muss ich aufräumen», erwidert Lena gemütlich und legt sorgfältig Stück um Stück in die Kiste zurück. Simi sieht mit Bedauern die wunderbaren Spielsachen verschwinden. So ein herrlicher Stall!
Lena steht auf. «Sie sind meistens im Stall oder in der Scheune, wir wollen sie suchen.»
Viele, viele Kühe stehen in einer langen Reihe. Sie wenden die grossen Köpfe und glotzen die Kinder erstaunt an, als Lena die Tür öffnet. Simi bleibt draussen. Mit diesen riesenhaften Tieren will er nichts zu tun haben, der Zusammenstoss mit dem Widder steckt ihm noch in den Knochen.
«Dort ist eine, dort ist eine!» Susanne rennt auf eine graue Katze zu, die auf einem Strohballen sitzt und sich putzt. Aber das sanfte Wesen verwandelt sich unversehens in ein wildes, fauchendes Untier. Die Katze macht einen hohen Buckel,

sträubt die Haare, zeigt die Zähne und zischt und spuckt.
«Die lässt sich nicht anfassen, sie ist wild. Wir suchen eine andere.» Lena führt die beiden in den Pferdestall. Er ist leer, die Pferde sind mit ihren Reitern unterwegs.
«Mein Vater macht nichts mit den Pferden, er hat keine Zeit. Die Reiter müssen sie selber besorgen, er gibt ihnen nur den Stall und das Futter. Kobi striegelt sie manchmal und gibt ihnen Hafer.»
Simi zeigt auf die vier Abteile. «Siehst du, Susanne, jedes Pferd hat ein eigenes Zimmer.»
«Das sind doch keine Zimmer, das sind Boxen!» kichert Lena.
«Eine ist leer, es sind nur drei Pferde da.»
In der unbewohnten Boxe findet Susanne, was sie sucht. Vier junge Katzen balgen sich im Stroh, kugeln übereinander, beissen sich, jagen sich und klettern die Wände hinauf. Susanne kann sich kaum halten. Sie springt von einer Ecke in die andere, streichelt hier einen kleinen Kopf, krault da ein warmes Bäuchlein, zupft an einem Schwänzchen, an einem spitzen Ohr, stupst eine rosige Nase – sie ist völlig aus dem Häuschen.
Simi besieht sich die Sache vom Boxenrand aus.
«Du kannst eine mitnehmen, wir haben noch viele», sagt Lena grosszügig.
«Du darfst doch nicht einfach eine Katze verschenken!»
«Sicher darf ich, sonst frag meine Mutter. Sie hat schon oft gesagt, ein paar weniger wären auch genug.»
Susanne schüttelt den Kopf. Sie glaubt es nicht.

Aber Lena lässt sich nicht beirren. «Wenn ich es doch sage! Wir können ja die Mutter fragen, wenn du es nicht glauben willst.»
Und schon zieht sie Susanne mit sich fort.
Die Kätzchen sind wirkich niedlich, aber auch kleine Katzen haben spitze Krallen. Simi schaut den lustigen Sprüngen noch einen Augenblick lang zu, dann trollt er sich. Er möchte nicht im Stall sein, wenn die Pferde heimkommen.
Da rennen schon die Mädchen mit Michi um die Hausecke.
«Simi, ich darf eines mitnehmen, ich weiss schon welches!» keucht Susanne, und Michi schreit: «Ich auch, ich auch, ich will ein grünes!»
Simi geht lieber noch ein wenig auf Entdeckungsreise. Vor dem Stall sitzt Kobi auf einer Kiste und sieht den Spatzen zu, die vor dem Misthaufen zanken und lärmen. Die grosse Ella liegt auf Kobis Füssen. Als sie den Bub erblickt, steht sie auf, streckt sich und trottet auf ihn zu. Simi weicht etwas zurück, Ella ist ein grosser Hund, mindestens so gross wie ein Schaf, mindestens! Aber Ella will ihn nicht beissen. Sie wedelt freundlich und reicht ihm die Pfote. Simi ist unschlüssig. Was soll er tun? Ella mustert ihn forschend.
«Lieber Hund», knurrt Kobi, «streicheln!»
Simi hat nicht gewusst, dass der alte Mann reden kann. Bisher hat er noch keinen Ton von ihm gehört. Zaghaft fasst er die Hundepfote und schüttelt sie leicht. Dann streicht er Ella über den glänzenden Kopf. Die Haare sind fein wie Seide.
«Komm!» sagt Kobi und rückt beiseite. Simi setzt sich schüchtern auf die Kiste. Nun sitzen sie

nebeneinander, streicheln den Hund und schweigen. Nach einer Weile deutet Kobi mit dem Kinn in die Höhe.
Schwarze Vögel mit spitzen Flügeln sitzen auf den Telefondrähten und zwitschern.
«Herbst», meint Kobi einsilbig. «Schwalben. Sie fliegen fort.»
«Nach Afrika», ergänzt Simi. Und damit ist das Gespräch wieder zu Ende. Später knurrt Kobi «Komm!» und humpelt davon. Gehorsam folgt ihm Simi zum Maschinenschuppen.
In einem Verschlag aus Brettern und Strohballen tummeln sich zwei schwarze, wollige Bündel mit weissen Bäuchen und braunen Pfoten. Zwei kleine Hunde!
«O Kobi, darf man die streicheln? Gehören sie dir? Sind es Ellas Junge?» – «Mhm», brummt Kobi.
Simi ist im siebenten Himmel. Selig sitzt er in einer Ecke der Hundekinderstube und hält die beiden Wuscheltiere in den Armen, eins rechts, eins links. Am liebsten möchte er sie gar nicht mehr loslassen, sie sind noch wärmer und weicher als Sami. Sie drängen sich an ihn, lecken ihm die Hände und das Gesicht. «Kobi, darf ich wieder einmal herkommen und mit ihnen spielen?»
«Mhm!» brummt Kobi.
Auf dem Heimweg schnattern Susanne und Michi unentwegt über ihre Katzen. Susanne trägt ein kohlschwarzes, Michi ein grau getigertes Tierchen. Es sind Maikatzen, beide schon sauber, sagt Lenas Mutter. Mama ist nicht sehr glücklich, eine hätte ihr gereicht, aber Michi wollte um keinen Preis auf seinen Tiger verzichten.

Simi wandelt wie im Traum. Was kümmern ihn die Katzen! Morgen geht er zu Kobi und spielt mit den Hündchen, morgen und jeden Tag!

Früher war Simi so schweigsam

«Simi, Telefon für dich!»
Mama muss laut rufen, Simi sitzt in der Astgabel und plaudert mit dem Baum. Ausser Lena weiss nur der Baum von den Hündchen, sie sind Simis Geheimnis. Immer nach dem Mittagessen huscht er für ein Weilchen ins Bauernhaus hinüber zu Kobi. Kobi geht mit ihm in den Schuppen, setzt sich auf einen Strohballen und schaut zu, wie Simi mit den drolligen Wollknäueln spielt. Meistens gesellt sich auch Ella zu ihnen und blickt aufmerksam auf das Durcheinander von Buben- und Hundebeinen.
«Sie passt auf, ob ich mit ihren Kindern lieb bin, nicht wahr, Kobi?»
«Guter Hund», brummt Kobi und fährt Ella über den Kopf.
«Sie sind so lieb und warm und überhaupt nicht gefährlich», berichtet Simi dem Ahornbaum. «Sie stupsen mich am Hals mit ihren feuchten Nasen, manchmal lecken sie mir das Gesicht oder beissen mich in den Finger. Es tut nicht weh, sie machen nur Spass. Kobi sagt fast nichts, aber er ist nicht böse. ‹Guter Bub›, sagt er und nickt. Kobi ist auch mein Freund.»
Der Baum schweigt und hört zu. Mit seinem hölzernen Gesicht schaut er Simi an. Er versteht alles.
«Simi, Telefon!»
Nun beeilt sich Simi. Wer will ihn bloss sprechen? Bis jetzt hat ihn noch nie jemand angerufen. Blitzschnell saust er über die Wiese, nur so kann er den Widder überlisten.

«Wer ist es, Mama, wer ist es?»
«Kommst du endlich! Danis Mutter fragt, ob du ein paar Tage in die Ferien kommen willst. Dein Freund hat Heimweh nach dir!»
«O ja, Mama, ich will, ich will!»
«Er ist einverstanden», spricht Mama ins Telefon, «er ist schon ganz aus dem Häuschen. Also abgemacht, ich bringe ihn morgen. Vielen Dank für die Einladung, und auf Wiedersehen, Frau Gerber.»
Simi springt hoch auf vor Freude. Er wird Daniel wiedersehen und Thomas und alle andern. Das muss er sofort Kobi mitteilen, sonst wartet er morgen vergeblich auf ihn.
«Was du nur immer mit deinem Kobi hast!» Mama schüttelt den Kopf. «Der wird es wohl eine Woche lang ohne dich aushalten.»

Am nächsten Tag fährt Mama mit Simi und Susanne in die Stadt. Michi bleibt lieber bei den Katzen und bei Tante Therese. Er will im Garten helfen. Ohne ihn ist Tante Therese verloren, da ist er sicher.
Sie nehmen den Zug. Simi ist noch nicht oft mit dem Zug gefahren. Wie rasch die Häuser und Bäume am Fenster vorbeifliegen! Die Fahrt ist viel zu kurz. Simi möchte noch lange sitzen bleiben, aber schon hebt Mama sein Köfferchen und die Tasche mit den Äpfeln aus dem Gepäcknetz. Simi darf Dani selbstgepflückte Äpfel mitbringen, Sauergrauech, die bekommt man in keinem Supermarkt.
Welch ein Menschengewimmel in diesem grossen Bahnhof! Sie steigen eine Treppe hinunter, dann gehen sie durch einen langen, beleuchteten Tun-

nel mit Plakaten, Schaufenstern und Läden. In der furchtbar hohen Halle würde sich Simi verirren. Aber Mama kennt ja den Weg. Sie steuert zielsicher auf die Rolltreppe zu. Mühelos schweben sie auf den fahrenden Stufen in die Höhe. Simi will hinuntersteigen und die Fahrt wiederholen. Aber Mama hat es eilig. Sie will Simi so schnell wie möglich bei Gerbers abliefern und nachher mit Susanne einige Besorgungen machen. Sie kann nicht alles kaufen im Dorf, der Ausflug in die Stadt kommt ihr gerade recht.

Mit dem Bus fahren sie zu Dani. Bald erkennt Simi die Häuser wieder, gleich um die Ecke ist die Haltestelle und dahinter der Kindergarten. Simi muss sich nicht mehr festhalten, jetzt kennt er den Weg selber. Er ist ihn jeden Tag mit Dani und Thomas gegangen. Und dort steht ihr Wohnblock, der zweite in der Reihe, dort ist Simi vor zwei Monaten ausgezogen. Auf dem Spielplatz tummeln sich Kinder, sie schaukeln und fahren Karussell. Kennen sie ihn wohl noch? Plötzlich springen zwei Buben von der Schaukel und stürmen ihm entgegen. Dani und Thomas! Sie haben ihren Kindergartenfreund nicht vergessen.

Sie freuen sich schrecklich, ihn wiederzusehen. Dani fasst ihn gleich an der Hand und führt ihn zu seiner Mutter. Frau Gerber freut sich auch. «Schön, dass du da bist», sagt sie, «Dani hat fast jeden Tag nach dir gefragt.»

Später, als Mama und Susanne schon wieder weg sind, sitzt Simi auf einer Bank beim Spielplatz und erzählt. Ein ganzes Rudel Kinder hat sich um ihn versammelt.

«Eine grosse Wiese haben wir, mit vielen Bäumen. Wir können mit dem Ball spielen, soviel wir wollen, die Tante schimpft nicht. Und Schafe weiden auf der Wiese, eine ganze Herde, und der Bock ist richtig gefährlich. Er hat mich umgeworfen und Susanne auch. Und Äpfel und Birnen können wir essen, und Zwetschgen, bis wir zerplatzen. Wir haben schon ganz viel im Keller, Papa pflückt fast jeden Abend. Neben dem Haus ist eine Weide mit richtigen Pferden, und ich bin schon einmal mit einem Mähdrescher gefahren. Wir haben im Zelt geschlafen, Lena und ich, ganz allein haben wir es gebaut aus Stangen und Tüchern. Zwei Katzen haben wir jetzt auch, und im Bauernhof sind Kühe und Hühner. Kobi hat einen Hund, sooo gross ist er, aber ich darf ihn streicheln, er beisst nicht!»
Simi redet wie ein Buch, die Kinder staunen. Er kommt ihnen ganz fremd vor, früher war er doch immer so schweigsam.
«Darf man bei euch richtig Fussball spielen auf dem Rasen?» fragt einer der Buben ehrfürchtig.
«Sicher darf man das, wir haben sogar schon einmal ein Feuer gemacht und Fleisch gebraten. Aber es ist kein Rasen, nur Gras, die Tante hat es gesagt. Und hinten ist eine hohe, dichte Hecke, beinahe ein Wäldchen, und ein grosser Kletterbaum steht neben dem Schuppen. Zuerst habe ich gemeint, der Schuppen sei ein Hexenhaus, aber es hat nur Holz drin und Werkzeug. Und das Zelt haben wir auch darin versorgt. Nächsten Sommer bauen wir es wieder auf, jetzt ist es schon zu kalt.»
Die Kinder hören mit offenem Mund zu. Was für Abenteuer! Thomas und Dani sind stolz auf Simi.

Am Abend holt Simi den Teddybär aus dem Koffer. Daheim sitzt Sami jetzt meistens auf der Kommode, Simi hat fast nie mehr Zeit für ihn. Aber in die Stadt hat er weder die Hunde noch den Baum mitnehmen können. Sami blickt freundlich.
Die beiden Buben flüstern und lachen. Dani kann nicht aufhören zu fragen, und Simi erzählt und erzählt und fürchtet sich kein bisschen in dem fremden, dunklen Zimmer.
«So, sieht man dich auch wieder einmal?» begrüsst ihn Frau Hurni am Morgen, als er mit Dani die Treppe hinuntersteigt. «Gefällt es dir in der Schule?»
«Ja, es ist schön, ich kann schon bald lesen!» Dann fasst sich Simi ein Herz, stellt sich vor Frau Hurni und sagt: «Meine Lehrerin ist nicht böse, sie hat noch kein einziges Mal mit mir geschimpft!»
«So, da hast du aber Glück», meint Frau Hurni säuerlich. «Ich jedenfalls möchte um keinen Preis noch einmal in die Schule gehen.» Dann schlurft sie in ihre Wohnung.
Draussen wartet schon Thomas. Er hat ein neues Rollbrett, das wollen sie auf dem Parkplatz ausprobieren.
«Bei uns könnte man nirgends Rollbrett fahren, höchstens auf der Terrasse», sagt Simi, «der Weg ist viel zu holprig.»
Thomas kann das fast nicht glauben. «Habt ihr denn keinen Parkplatz?»
«Wir brauchen keinen. Papa stellt das Auto immer neben das Haus. Später baut er dann einmal eine Garage.»
«Und die andern?»

«Welche andern?»
«Die andern Autos!»
Simi muss lachen. «Andere Autos hat es doch keine! Wir wohnen ganz allein dort.»
Ganz allein! Thomas kann es sich nicht vorstellen. Sie fahren abwechselnd mit dem Rollbrett, einmal Thomas, einmal Dani, einmal Simi. Die Autos sind prima Hindernisse. Die Buben fahren vorwärts, rückwärts, Slalom.
«Was habt ihr hier verloren, ihr Lausbuben?» Ein Mann packt Dani am Kragen und schüttelt ihn. «Autos zerkratzen, Beulen in die Kotflügel schlagen, sonst kommt euch nichts in den Sinn! Ihr habt einen Spielplatz, also marsch, verzieht euch, und lasst euch hier nicht mehr blicken!»
Mit eingezogenen Köpfen schleichen Thomas, Dani und Simi davon.
«Ein Zelt bauen und auf Bäume klettern, das wäre schon schön!» sagt Thomas sehnsüchtig. «Aber das ist hier alles verboten. Wir dürfen gar nichts, sonst wird geschimpft.»
«Bei uns schimpft niemand», meint Simi. «Das Haus hat mir zuerst überhaupt nicht gefallen, aber jetzt bin ich lieber dort als hier.»

Bäume frieren nicht, sie schlafen

Simi ist daheim. Die Ferien sind vorbei, er geht wieder zur Schule. Sami sitzt unbeschäftigt auf der Kommode, sein Meister hat anderes zu tun. Fast jeden Tag macht er einen kurzen Besuch bei Kobi. Sie sprechen kaum miteinander, aber sie verstehen sich gut.
Der Herbst ist da, vieles ändert sich. Die Schafe sind weg, Lenas Bruder hat sie geholt. Simi hat beim Treiben geholfen, aber nur von weitem. Dem Bock kommt er lieber nicht mehr in die Quere. Jetzt stehen die Tiere im Stall und sollen geschoren werden. Mit einem elektrischen Apparat wird ihnen die Wolle abgeschnitten und Strickwolle daraus gemacht, Lena hat es Simi erklärt. Ihr Bruder verkauft die Wolle an eine Fabrik und verdient damit sein Taschengeld.
Vielleicht stammt Tante Thereses Strickwolle auch von diesen Schafen, so etwas könne man nie genau wissen, meint Papa.
«Tante, kannst du nur schwarz stricken?» hat Michi gestern gefragt.
«Nein, nein, auf die Farbe kommt es mir nicht an.»
«Gibt das Socken für Papa?»
«Nein, ich stricke mir Pulswärmer, ich friere immer an die Hände. Schau einmal, so sieht das aus!»
Und die Tante hat eines der schwarzen Röhrchen über das Handgelenk gezogen.
«Kannst du auch rot stricken?»
«Natürlich kann ich das.»
«Strickst du mir einen roten Kopfwärmer?»

Sie hat gelacht und Michi eine rote Zipfelmütze versprochen.
Er wird sie brauchen können, es ist manchmal schon ziemlich kalt, vor allem am Morgen.
Papa hat alle Äpfel gepflückt und in den Keller gebracht.
Mama hat Zwetschgen eingekocht und Birnenschnitze gedörrt. Wenn es nicht regnet, arbeitet sie im Garten. Tante ist froh um die Hilfe, sie wird schnell müde. Es gibt viel zu tun, alles muss für den Winter vorbereitet werden. «Was man im Herbst versäumt, macht im Frühling doppelt soviel Mühe», sagt Tante Therese. Rübchen und Kohlköpfe werden eingekellert, man muss Stauden zurückschneiden, den Salat mit Tannästen zudecken, die Beerensträucher zusammenbinden, damit die Spatzen die Knospen nicht abpicken im Winter.
Der Mauer entlang hat Mama Tulpenzwiebeln gepflanzt, eine ganze Schachtel voll. Jetzt schlafen sie in ihrem kalten Bett, bis die Sonne im Frühling den Boden wieder wärmt. Dann strecken sie sich dem Licht entgegen und blühen rot und gelb und orange.
Die Kinder dürfen auch Blumenzwiebeln pflanzen, aber nicht im Garten, sondern in Töpfe. «Wir wollen den Frühling in die Wohnung holen», sagt Mama. Simi steckt Tulpen in seinen Topf, Susanne Hyazinthen, Michi Osterglocken. Dann stellt Mama die Töpfe in einen dunklen Schrank, die Zwiebeln brauchen eine Weile Ruhe. Und mitten im Winter, wenn draussen eine dicke Schneedecke liegt und nirgends mehr ein grünes Blättchen zu sehen ist, kommen die Töpfe aufs Fensterbrett. Dann wird es

spriessen und blühen aus den braunen Knollen, Simi freut sich schon jetzt.
Dass er nicht mehr auf den Ahornbaum steigen kann, freut ihn weniger. Das Holz wird auch bei schönem Wetter nicht mehr richtig trocken. Die Rinde ist glitschig und schmierig geworden, und Mama hat ihn kräftig ausgezankt des schwarzen Hosenbodens wegen, den er sich in der Astgabel geholt hat. Jetzt hat er das Klettern aufgegeben. Seine Füsse gleiten ab, seine Hände finden keinen Halt mehr an den schlüpfrigen Ästen. Der Baum sieht überhaupt trostlos aus, Simi wird ganz traurig, wenn er ihn betrachtet. Noch vor zwei Wochen strahlte er weit über die Felder hin wie eine riesige, goldende Kugel. Braune Propellerfrüchte rieselten aus dem gelben Blattwerk, drehten sich im Wind und schwebten auf die Wiese hinaus. Lena und er konnten herrlich damit spielen. Sie setzten sie auf die Nase und blickten streng darüber hinweg wie Tante Therese über ihren Brillenrand. Einmal brachten sie Frau Steiner einen leuchtenden Blätterstrauss in die Schule. Sie durften damit auf einem grossen, blauen Blatt einen wunderschönen Gockel kleben. Jetzt liegt die ganze Pracht verdorrt am Boden. Und der Baum streckt seine Äste nackt und bloss in den düsteren Himmel.
Ein kleiner Trost bleibt Simi. Er kann das Gesicht jetzt auch vom Boden aus sehen, es versteckt sich nicht mehr hinter den Blättern. Simi legt die Hände an den Stamm und blickt hinauf. Der Baum hört ihn auch, wenn er von hier aus mit ihm redet.

«Ihr könntet heute das Ahornlaub ein bisschen zusammenrechen», schlägt Papa beim Mittagessen vor, «wir führen es dann morgen auf den Komposthaufen. Das gibt gute Gartenerde.»

Am Nachmittag blinzelt eine bleiche Sonne durch ein Wolkenfenster. Simi bewaffnet sich mit Rechen und Gabel und geht ans Werk. Susanne macht Schularbeiten, Michi wartet auf seine Zipfelmütze. Bevor sie fertig ist, geht er nicht mehr ins Freie. Simi ist gern allein, so kann er ungestört mit dem Baum plaudern.

Schlurp – schlurp – schlurp rauscht der Rechen, krusch – krusch – krusch zischt die Gabel.

«Hörst du die Blätter knistern? Sie erzählen etwas.»

Lena. Simi hat sie nicht kommen hören.

«Ich helfe dir.» Lena ergreift die Gabel, und einträchtig fegen sie das Laub zusammen und lauschen auf das Blattgewisper.

Auf der Terrasse räkeln sich der Tiger und der kohlschwarze Mucki und geniessen die Sonnenstrahlen. Was raschelt denn da? Tiger hebt träge den Kopf, Mucki öffnet ein Auge. Potztausend! Wie das stiebt und fliegt und zischelt! Da muss man dabeisein. Sie springen von der Bank, strecken die Schwänze bolzengerade in die Höhe und galoppieren wie Spielzeugrösslein. Sie fahren wie ein Wirbelwind in das welke Laub und haschen nach den Blättern. Sie strampeln, wälzen sich darin und kriechen in die losen Walmen.

«Husch, husch, was fällt euch ein! Ihr verzettelt ja alles wieder!» Simi und Lena lachen und schreien. Sie jagen den Katzen nach, aber es ist gar nicht so

einfach, sie einzufangen. Endlich erwischen sie die Übeltäter. Simi bringt sie ins Haus, dann beeilen sie sich mit der Arbeit. Drei grosse Haufen sind am Schluss aufgeschichtet.
Simi deutet in die leere Krone hinauf. «Der Baum sieht ganz kahl aus. Ich glaube, er friert.»
«Bäume frieren nicht, sie schlafen!» behauptet Lena, aber vielleicht weiss sie es nicht richtig.

«Ihr seid ja richtig fleissig gewesen. Dann wollen wir uns gleich an die Arbeit machen!» meint Papa am nächsten Tag und holt den Schubkarren. Fuhre um Fuhre wird auf den Komposthaufen gekippt und mit Erde und zerkleinerten Zweigen gemischt.
«Prima Erde, prima Dünger!» rühmt Papa und nickt zufrieden.
Beim letzten Laubhaufen kreischt Simi plötzlich: «Es bewegt sich, Papa, es bewegt sich!»
«Natürlich bewegt sich das Laub, wenn ich es mit der Gabel zusammenschiebe. Deshalb brauchst du mich nicht so zu erschrecken!»
«Nein, wirklich, Papa es bewegt sich richtig, etwas Graues!»
Nun schaut Papa doch genauer hin.
«Du lieber Himmel, das ist ja ein Igel! Der hat sich unter den Blättern ein warmes Nest gesucht zum Überwintern. Was fangen wir nun mit ihm an?»
Simi betrachtet neugierig die stachlige Kugel. Er hat noch nie einen lebendigen Igel gesehen. Jetzt! Jetzt legen sich die Stacheln flach zurück, ein spitzes Schnäuzchen und flinke Äuglein kommen zum Vorschein. Der Igel schnüffelt ein wenig am Boden, dann bohrt er die Nase in das Laub.

«Hol schnell die andern, Simi, einen Igel sieht man nicht mehr jeden Tag!»

Die ganze Familie steht im Kreis und bestaunt das Tierchen. Der Igel krabbelt umher, schnuppert am Gras und an den Blättern und rollt sich blitzschnell ein, wenn man ihm zu nahe kommt.

Michi weiss Rat: «Wir nehmen ihn in die Stube, er kann in einer Schachtel schlafen.»

Aber Papa wehrt ab. «Igel gehören nicht in Schachteln, sie suchen sich ihren Schlafplatz selber. Am besten lassen wir ihn jetzt in Frieden und decken ihn wieder mit Laub zu. Auf den letzten Haufen können wir ihm zuliebe gut verzichten.»

Und so geschieht es dann auch.

«Pass gut auf ihn auf!» flüstert Simi dem Baum noch zu, bevor er mit Papa ins Haus geht.

Michi kauft das Karussell

«Bin ich schön?» Michi steht mitten in der Stube und dreht und wendet sich nach allen Seiten. Auf seinem Kopf prangt die neue, feuerrote Zipfelmütze, und ein feuerrotes Halstuch hat die Tante auch gestrickt.
«Herrlich siehst du aus, ganz tüchtig, wie ein richtiger Sportler!» beteuert Mama.
Michi stolziert umher wie ein Pfau. «Für mich ganz allein hat Tante Therese das gestrickt, für mich! Siehst du Simi, ich bin viel schöner als du!»
Tatsächlich, das findet Simi auch. Er beneidet seinen Bruder, es ist schwirig, sich nichts anmerken zu lassen.
«Simi wünscht sich auch Mütze und Halstuch, ich sehe es an seiner Nasenspitze.»
Simi wird rot, die Tante merkt auch alles. Aber er nickt, er wünscht es sich wirklich.
«Aber nicht rot!» quengelt Michi beleidigt.
«Es geht mir im Moment recht gut», fährt die Tante weiter, «und ich hätte Lust, morgen wieder einmal den Jahrmarkt in Schlossberg zu besuchen. Ich war seit Jahren nicht mehr dort, allein macht es ja auch keinen Spass. Wenn ihr wollt, könnt ihr mitkommen, wir kaufen dann gleich Wolle für Simis Kappe.»
Mit Tante Therese zum Jahrmarkt! Aufgeregt bestürmen sie die alte Frau: «Was ist ein Jahrmarkt, Tante, wie sieht es dort aus, was kann man dort machen?»
«Ihr werdet es schon sehen, nur Geduld!»

Susanne macht ein langes Gesicht. Sie hat morgen Nachmittag Schule.
«Sei nicht traurig», tröstet Tante Therese, «wir kaufen dir dann etwas besonders Schönes. Wer zum Markt geht, bringt den Daheimgebliebenen etwas Rechtes mit, das gehört sich!»

«Marktbesucher brauchen Taschengeld!» sagt Papa und legt für jedes Kind fünf glänzende Einfrankenstücke auf den Küchentisch, auch für Susanne. Strahlend versorgen sie das Geld. «Ich fahre euch nach dem Mittagessen schnell hin, damit niemand verloren geht.»
Die Tante runzelt die Stirn. «Traust du mir etwa nicht zu, mit deinen Sprösslingen fertigzuwerden?»
«Was denkst du auch!» lacht Papa. «Du gibst ihnen ein Zaubermittelchen, und sie gehorchen wie die Hündchen.»
«Du hättest auch eines nötig», brummt Tante Therese.
Papa ist ein Spassvogel. Stramm wie ein Soldat steht er neben dem Auto und salutiert. «Bitte einsteigen, die Herrschaften!»
Die Herrschaften lassen sich nicht lange bitten. Tante hat jetzt doch nichts dagegen, so bequem an Ort und Stelle geführt zu werden.
«Ich hole euch um halb sechs hier wieder ab», sagt Papa, als er sie auf dem Platz mit dem runden Brunnen aussteigen lässt.
«So, und nun hört gut zu. Da drüben steht die Kirche, seht ihr sie? Auf dem Markt ist immer ein grosses Gedränge und viel Lärm und Geschrei. Da

ist es gut möglich, dass wir uns verlieren. Falls ihr mich plötzlich nirgends mehr sehen könnt, fragt ihr jemand, wo die Kirche ist. Dann geht ihr hin und wartet bei der Treppe, bis ich euch hole. Habt ihr das verstanden?»
Ja, das haben sie verstanden.
«Aber du brauchst keine Angst zu haben, Tante», beruhigt Michi, «wir verlieren dich bestimmt nicht!»
«Da bin ich aber froh!» meint Tante Therese.
Da gibt es viel zu sehen. An den Verkaufsständen liegen die wunderbarsten Sachen ausgebreitet, Lebkuchen, Magenbrot, gebrannte Mandeln, Berge von Schokolade, Berge von buntem Zuckerzeug. Dort stehen Körbe voll Brot und Kuchen, hier verkauft eine dicke Frau Honig und Konfitüre, gleich daneben biegt sich ein Tisch unter Tellern, Tassen und Krügen, der Mann dort drüben hält Kerzen feil in allen Formen, Farben und Grössen. Der nächste Stand ist ein wahres Spielzeugparadies; Tiere, Puppen, Pfeifen, Bauklötze, Trommeln, Bälle, Zusammensetzspiele. Was das Herz begehrt, bietet sich an. «Nimm mich mit, kauf mich!»
Michi plappert in einem fort, sein Mund steht keinen Augenblick still. Er möchte am liebsten den ganzen Markt mit nach Hause nehmen, den weissen Plüschseehund, den Leiterwagen, das Feuerwehrauto, das grösste Lebkuchenherz, die roten Gummistiefel.
Die Leute stehen in dichten Gruppen beieinander, fuchteln mit den Händen, schütteln die Köpfe, reden und lachen. Sie schieben sich durch die Gassen, sprechen ein paar Worte, gehen weiter.

Michi lässt die Hand der Tante nicht los, und Simi hält sich auf der andern Seite fest an ihrer schwarzen Tasche.
«Bist du noch da, Simi?» fragt die Tante. Ja, Simi ist noch da.
Er schaut und schaut und staunt. Krampfhaft umklammert er sein Geld in der Hosentasche, er hat keine Ahnung, was er kaufen soll. Es ist alles so farbig, so fremd, so laut.
«Wir sehen uns zuerst alles an und kommen nachher wieder zurück», schlägt Tante Therese vor. «Auf dem Markt muss man nicht gleich das erste Beste kaufen. Plötzlich sieht man etwas noch Schöneres, und dann ist das Geld weg. Schaut einmal, ein Drehorgelspieler ist wahrhaftig auch da. So einer hat früher auf keinem Markt gefehlt.»
Der Mann trägt eine Pelzmütze und eine schwarze Brille. Er steht hinter einem buntbemalten Kasten, dreht unaufhörlich an einer Kurbel und lässt eine fröhliche Musik erklingen. Auf der Drehorgel steht ein Teller, da legen die Leute Geld hinein. Immer, wenn ein Geldstück klappert, nickt der Orgelmann: «Vergelt's Gott, gute Frau, vergelt's Gott, guter Mann!»
«Tante, warum trägt er eine Sonnenbrille?» will Michi wissen. «Die Sonne scheint ja gar nicht!»
«Er ist blind. Mit seiner Drehorgel kann er etwas verdienen, er hat es nötig.»
Da zieht Simi seine Hand aus der Hosentasche und legt einen glänzenden Franken auf den Teller.
«Das ist lieb von dir, Simi!» Tante Therese legt auch noch ein Geldstück dazu. «Vergelt's Gott, gute Frau, vergelt's Gott, guter Mann!»

Spielt dort hinten noch ein zweiter Orgelmann? Das muss aber eine grosse Drehorgel sein, die Musik tönt so laut. Ein Karussell! Weisse Pferdchen mit roten Sätteln drehen sich im Kreis, eine Kutsche, ein riesengrosser Schwan, alles glänzt und glitzert.
«Wollt ihr mitfahren?» Natürlich wollen sie!
«Komm hier neben mich, Tante», schreit Michi, «dieses Pferd ist noch frei!»
Aber Tante Therese winkt ab, dafür ist sie nun doch zu alt.
Übermütig zügeln Simi und Michi ihre Pferdchen und lassen sich an Tante Therese vorbeitragen, immer und immer wieder. Dreimal dürfen sie fahren, die Tante bezahlt alles.
«Ich kaufe das Karussell!» sagt Michi entschlossen und klaubt sein Geld hervor.
Simi muss lachen. «Das ist doch viel zu teuer, mit fünf Franken kannst du kein Karussell kaufen!»
«Gut, dann nehme ich die Drehorgel.»
«Auch das wird sich nicht machen lassen», schmunzelt die Tante.
Sie hilft ein bisschen, die Wahl ist schwierig, aber endlich findet Michi zwei hölzerne Schäfchen. Die passen gut zu seinen Kühen.
Simis Wunsch ist auch zu gross. Ihm gefällt die hübsche, braune Kuckucksuhr, aber sein Geld reicht nicht. Er ist ein wenig traurig, sie tickt so gemütlich, und wenn das Türchen aufspringt, ruft ein blauer Vogel laut und lustig: «Kuckuck!» Aber das silberglänzende Messer mit den drei Klingen ist auch etwas ganz Schönes.
Dann lassen sie sich von der Menge weitertreiben.

Bei einem Stand mit vielen Wollknäueln bleibt die Tante stehen.

«Hier darfst du jetzt die Wolle für deine Zipfelmütze auswählen, Simi.»

«Aber nicht rot!» kräht Michi eifersüchtig.

Das ist jetzt nicht einfach. Eine Farbe ist schöner als die andere. Vielleicht blau wie der Sommerhimmel? Oder dunkelgrün wie der Wald? Oder violett wie Tantes Dahlien? Simi überlegt, wählt aus, besinnt sich wieder anders – und plötzlich weiss er es. Dieses Goldgelb ist das Richtige, es leuchtet wie die Ahornblätter im Herbst. Eine goldgelbe Mütze will er! Der Baum ist sicher traurig, dass er jetzt so kahl dastehen muss. Wenn er dann die gelbe Mütze sieht, fällt ihm bestimmt wieder ein, wie schön er damals aussah in seinem goldenen Kleid, und dann freut er sich. Stolz trägt Simi die Tasche mit der Wolle, sein Baum wird sich wundern! Nun müssen sie noch für die andern daheim etwas kaufen. Magenbrot für Papa, Zuckermandeln für Mama, einen winzigen Kinderwagen für Susannes Puppenstube. Zum Schluss kauft Tante Therese noch zwei grosse Kugeln Zuckerwatte für Simi und Michi. Sie schmatzen, schlecken und strahlen, Tante ist doch die Beste!

Müde und glücklich steigen sie am Abend zu Papa ins Auto.

«Die Tante ist nicht verlorengegangen, kein einziges Mal!» berichtet Michi stolz.

«Gott sei Dank!» sagt Papa.

Er heisst Jakob

«Zum Geburtstag viel Glück,
zum Geburtstag viel Glück,
zum Geburtstag, lieber Simi,
zum Geburtstag viel Glück!»
Simi strahlt mit den sieben Kerzen auf seinem Geburtstagskuchen um die Wette. Mitten auf dem schön gedeckten Küchentisch steht die prächtige Torte, überzogen mit einem rosa Zuckerguss, geschmückt mit silbernen Zuckerperlen. «Simi» hat Mama mit den glänzenden Kügelchen geschrieben, damit jeder gleich sieht, wem das leckere Kunstwerk gehört. Und das Lied wird für ihn allein gesungen, er ist das Geburtstagskind, er ist die Hauptperson. Er hat seine Gäste selber eingeladen, mit schönen, selbstgemalten Einladungskarten, Mama hat nur ganz wenig geholfen. Susanne und Michi sitzen am Tisch, Lena natürlich und Sandra und Patrick aus seiner Klasse. Auch Tante Therese und Kobi haben eine Karte gekriegt, aber die Tante muss heute zum Arzt, und Kobi ist auch nicht gekommen, Simi weiss nicht warum.
«Die Mutter hat ihm die Einladung vorgelesen, dann hat er sie eingesteckt und etwas geknurrt, ich habe es nicht verstanden», berichtet Lena.
«Wahrscheinlich will er einfach in Ruhe gelassen werden», vermutet Mama.
Simi ist ein bisschen enttäuscht, aber nur ein bisschen, es ist trotzdem ein schönes Fest.
Der Tag fing schon gut an. Beim Morgenessen

lagen an Simis Platz eine goldgelbe Zipfelmütze, ein goldgelbes Halstuch und ein Bilderbuch vom Jahrmarkt, alles von Tante Therese. Mütze und Halstuch zog Simi gleich für den Schulweg an, vom Strässchen aus winkte er mit den gelben Fransen zum Ahornbaum hinüber. Simi ist fast sicher, dass sich der Baum ein wenig reckte, um ihn besser sehen zu können. In der Schule ging's weiter mit Überraschungen. Frau Steiner schenkte ihm einen Block mit farbigem Papier zum Zeichnen und Basteln, dann sang die Klasse sein Lieblingslied von den goldenen Blättern, die wie grosse Schmetterlinge über die Strasse fliegen. Simi kann nicht gut singen, Susanne hält sich immer die Ohren zu. Aber wenn Simi allein ist, singt er das Lied von den Herbstblättern leise vor sich hin. Der Baum kennt es schon lange, für ihn singt Simi schön genug.
Zum Mittagessen gab's Kartoffelstock und Bratwürste, sein Lieblingsessen, und nachher durfte er das Geschenk von Mama und Papa auspacken, eine neue Windjacke und tolle, wasserdichte Stiefel. Von Michi bekam er einen Kaugummi und von Susanne einen Bleistiftspitzer und eine kleine Schokolade. In den neuen Stiefeln stapfte er darauf über die Wiese zum Baum und zeigte ihm Mütze und Halstuch.
«Siehst du, so goldgelb hast du geleuchtet im Herbst. Damit du es nicht vergisst, binde ich dir diese Franse an einen Zweig, dann bist du nicht mehr so leer!»
Zufrieden wandte sich Simi wieder dem Hause zu, die gelbe Franse winkte wie ein helles Fähnchen. Gleich darauf rückten die Gäste an, alle brachten

ihm etwas mit. Lena einen kleinen Spielzeugmähdrescher, Sandra Farbstifte und Patrick einen Würfel aus grünem Schaumstoff mit gelben Punkten. Der Würfel ist grösser als Simis Kopf, und es lässt sich herrlich damit spielen. Lange haben sie sich damit die Zeit vertrieben, haben gewürfelt und Punkte zusammengerechnet. Jetzt sitzen sie alle um den Tisch und singen das Geburtstagslied. Die Kerzenflämmchen spiegeln sich in Simis Augen, er ist glücklich wie der Hase im Klee.
«Jetzt musst du die Kerzen ausblasen!» kommandiert Lena. «Aber nur mit einem einzigen Schnauf, dann bringt es Glück!»
Simi holt tief Atem und pfffffff – pustet er alle sieben Lichtlein aus.
«Bravo, gut gemacht, anschneiden, wo ist das Messer?» tönt es durcheinander. Mama hilft, sie führt Simis Hand mit dem Messer. Dicke, dreieckige Stücke schneidet Simi aus dem Kuchen und legt jedem Kind eines auf den Teller. Eine Riesenschüssel Schokoladecrème mit Schlagrahm steht bereit, es ist ein Herrenessen. Dazu trinken sie Tee, und wer besonders starken Durst hat, bekommt ein Glas Holundersirup.
Nach dem Essen legen sie sich bäuchlings auf den Teppich und spielen Eile mit Weile und das Hütchenspiel. Aber Michi kann noch nicht gut zählen und bringt alles durcheinander. Er will immer nur gewinnen und schreit wie am Spiess, wenn etwas nicht nach seinem Kopf geht. Da holt Susanne ihr Kassettengerät und lässt ein Kasperstück laufen. Und wie der pfiffige Kasper die Hexe überlistet und im Keller einsperrt, da ist Michi wieder friedlich.

Aber der gefährliche Zauberer lässt seine Hexenfreundin nicht im Stich. Kasper muss es schlau einfädeln, dass der Bösewicht auch noch in die Falle geht. Es ist spannend, sie lauschen mit gespitzten Ohren.
Bum bum bum. Wer kommt denn jetzt noch, etwa ein Räuber oder gar der Teufel? Nein, das Klopfen hat gar nichts mit ihrem Theaterstück zu tun, es ist draussen. Sie hören, wie Mama die Haustür öffnet, und wenden sich wieder ihrem Hörspiel zu.
Plötzlich geht die Stubentür auf, Mama steht da und macht ein ziemlich hilfloses Gesicht. Sie trägt ein schwarzes, wolliges Bündel auf den Armen, das quiekt und windet sich.
«Für dich, Simi, Kobi hat ihn gebracht», sagt Mama und stellt das piepsende Wesen auf den Teppich. «Er heisst Jakob.»
Zuerst sind alle starr vor Staunen, dann bricht ein richtiger Tumult aus. Ein Hund, ein lebendiger Hund! Michi, Sandra und Patrick sind ganz aus dem Häuschen. Sie schwatzen, schreien, lachen, locken den Hund, streicheln ihn. Der kleine Kerl steht ratlos mitten in diesem Trubel, schnüffelt ein bisschen, niest ein bisschen und weiss nicht, wie ihm geschieht. Susanne und Lena schauen zu. Susanne denkt an die Katzen. Sie werden ihm die Augen auskratzen! Lena wundert sich bloss. Welch ein Getue um einen Hund!
Simi ist eine ganze Weile sprachlos. Ellas Kind! Kobi schenkt ihm eines von Ellas Kindern! Das hätte er nie zu träumen gewagt. «Mein Hund», flüstert er, «mein Jakob!»
Mama weiss nicht, was sie davon halten soll.

«Woher hat Kobi überhaupt den Hund?» fragt sie Lena. «Darf er ihn einfach verschenken, wissen deine Eltern davon?»
«Er muss niemand fragen», sagt Lena gleichmütig, «Ella gehört ihm und die Jungen auch. Er kann damit machen, was er will.»

«Was ist das für ein Untier?» fragt Papa verblüfft, als er gleich hinter der Tür über Jakob stolpert.
«Er gehört Simi, er ist ein Geburtstagsgeschenk von Kobi!» erklärt Michi eifrig.
Papa weiss nicht, soll er lachen oder schimpfen. «Das ist nun doch die Höhe! Eine Tochter, zwei Söhne, zwei Katzen, ein Bär, ungezählte Puppen – und jetzt noch ein Hund! Ist euch eigentlich noch zu helfen? Man muss ihn sofort zurückbringen, Simi wird es überleben. Bei uns versteht niemand etwas von Hunden.»
«Doch, ich! Wir hatten immer Hunde zu Hause.»
Papa blickt Mama ungläubig an. «Heisst das, du willst ihn behalten? Das gibt ein Riesenvieh, schaut einmal seine Pfoten an! Ja, werde ich denn überhaupt nicht mehr gefragt?»
«Es geht hier nicht um Simi, es geht um Kobi. Die Hunde sind alles, was er hat. Wir dürfen das Geschenk nicht zurückweisen, es würde ihm das Herz brechen. ‹Bub, Geburtstag, er heisst Jakob!› sagte er und streckte mir strahlend das Hündchen entgegen. Er verschenkt nicht nur seinen wertvollsten Schatz, sondern sich selbst. Er heisst Jakob, verstehst du, er hat ihm seinen eigenen Namen gegeben. Seinen eigenen Namen! Ich hätte beinahe geheult.»

Papa schüttelt erstaunt den Kopf. «Was kann ein armer, geplagter Mann da noch ausrichten! Hörst du, Ungetüm, Mama will dich nicht mehr hergeben.» Er bückt sich und fährt dem Hund über den zottigen Kopf. «Wir werden uns wohl miteinander befreunden müssen. Grüss Gott, Jakob, willkommen in der Firma!»
Jakob wedelt freundlich, ihm ist alles recht.
«Aber weitere Viecher werden keine mehr angeschleppt!» fügt Papa noch bei. Ein Kamel erlaube ich nicht, auch kein Krokodil.»
«Ich will nur Jakob», sagt Simi leise.

Mama macht Augen

«Mama, darf ich das rote Tischtuch in die Schule bringen? Wir machen ein Krippenspiel, und der König Herodes hat noch keinen Mantel.»
«Wer spielt denn den König Herodes?»
Simi natürlich, er hat sich ja als einziger für diese Rolle gemeldet. Das kann Mama nicht begreifen, Herodes ist doch ein abgrundtief böser Mensch, lügt die drei Weisen aus dem Morgenland an, lässt das Jesuskind verfolgen und die kleinen Buben in Bethlehem umbringen. Warum spielt Simi nicht lieber den Joseph oder einen der Hirten?
Nein, das hat er sich gut überlegt. Herodes ist nämlich nicht wirklich böse, er ist krank, Frau Steiner hat es gesagt. Er ist so krank im Kopf, dass er nur noch eines denken kann: ‹Alle hassen mich, kein Mensch hat mich gern!› Er kann gar nicht anders, er muss auch alle hassen, sogar seine Frau, seine Kinder und den kleinen Jesus. Herodes fürchtet sich, Tag und Nacht hat er Angst, dass ihm jemand an den Kragen will. Er tut Simi leid. Gut, in diesem Fall darf er das Tischtuch mitnehmen.
«Was meinst du, Mama, könnte Jakob den Esel spielen?»
Nein, Mama glaubt es nicht. Jakob hat noch keine Ahnung von Ordnung und Anstand, er muss zuerst erzogen werden. Er hat noch nicht einmal begriffen, dass sein Platz auf der dicken Wolldecke unter der Treppe ist, und nicht in Simis Bett. Er frisst jeden Schuh auf, den er erwischen kann, knabbert

am Sofa, stellt sich auf die Hinterbeine und legt seine breiten Pfoten auf den Tisch. Als Schauspieler ist er wirklich nicht brauchbar.
Das Krippenspiel wird jeden Tag geübt in der Schule. Am Abend des letzten Schultages gibt es eine Aufführung, alle Eltern und Freunde sind dazu eingeladen. Simi bringt eine ganze Gruppe von Zuschauern mit, Tante Therese, Mama, Papa, Michi und Susanne.
«Ich habe Kobi Jakob auch eingeladen, aber er will nicht kommen.»
«Wen hast du eingeladen?»
«Kobi Jakob. Aber er hat nur den Kopf geschüttelt und gebrummt. Da habe ich ihm die ganze Weihnachtsgeschichte erzählt, von Herodes und so, sie hat ihm sehr gut gefallen.»
«Nun lass doch deinen Kobi in Frieden, du weisst ja, dass er fremde Menschen nicht mag!»
Simi ist empört. «Ich bin kein fremder Mensch, ich bin sein Freund!»
Die Aufführung ist ein grosser Erfolg. Die Zuschauer klatschen lange und begeistert in die Hände, so etwas Schönes haben sie noch nie gesehen. Simi ist richtig stolz.
Auch Martin ist stolz. Er hat das Öchslein gespielt und sich gewaltig Mühe gegeben, das Kindlein mit seinem Atem zu wärmen. Er hat es sehr gut gemacht, Frau Steiner lobt ihn. Martin lacht. Er freut sich.
Lena ist auch glücklich. Sie zieht das schöne, weisse Engelsgewand gar nicht gern aus. Lenas Vater hat es sehr gut gefallen, aber seine Tochter als Engel, das ist der beste Witz, den er je gehört

hat. Was gibt es da zu lachen? Simi versteht ihn nicht, Lena hat doch wunderschön gesungen.

Am nächsten Morgen begleitet Simi Papa ins Bauernhaus hinüber. Lenas Vater hat ihm einen schönen Weihnachtsbaum versprochen, den wollen sie holen. Simi traut seinen Augen nicht, als der Bauer die Tanne vor ihn hinstellt. Sie ist ein ganzes Stück höher als Papa.

«Das ist ja ein Prachtsexemplar!» freut sich Papa. «Schon als kleiner Bub habe ich mir immer einen solchen Riesenbaum gewünscht. Wenn ich an alle die mickrigen Tännchen denke! Mama wird Augen machen.»

Mama macht Augen!

«Womit soll ich dieses Monstrum nur schmücken?» stöhnt sie.

«Unsere paar Kugeln und Ketten nehmen sich ja geradezu schäbig aus in diesem Dickicht. Euch kann man wirklich nichts überlassen.»

«Verdirb uns nicht die Freude!» sagt Papa. «Mit diesem Baum geht mir ein Kindertraum in Erfüllung. Nicht wahr, mein Sohn, wir lassen uns diese Wundertanne nicht vermiesen!»

Simi ist ganz seiner Meinung, und mit vereinten Kräften schleppen sie den Baum in die Waschküche.

Papa muss den halben Nachmittag sägen, hobeln und nageln, bis er einen soliden Ständer gezimmert hat. Der Baum soll ja nicht gleich umstürzen, wenn Jakob nur ein bisschen mit dem Schwanz wedelt.

Eine Nacht muss der Baum noch hier draussen warten, Weihnachten ist erst morgen. Es dauert

endlos lange, bis Mama zum Nachtessen ruft, der Abend ist dreimal so lang wie sonst, und die Nacht wird bestimmt nie vorbeigehen, nie! Michi verzweifelt fast, und auch Simi verliert beinahe die Geduld. Ewig soll man warten, es ist kaum auszuhalten.
Auch der folgende Tag will kein Ende nehmen, aber irgendeinmal ist es dann doch soweit, der Weihnachtsabend ist da. Die Katzen werden ausgesperrt, Jakob muss an die Kette. Dem Baum darf nichts geschehen, er sieht zauberhaft aus, wie im Märchen. Mama hat sich umsonst aufgeregt. Papa hat rote Äpfel aus dem Keller geholt, sorgfältig poliert und in die Äste gehängt. Tante Therese hat eine grosse Schachtel voller Weihnachtsschmuck gebracht. Seit vielen Jahren lag er auf dem Estrich, für sich allein mochte die Tante kein Bäumchen schmücken. Zarte Vögelchen wippen auf den Zweigen, Engel mit goldenen Flügeln schaukeln an dünnen Fäden, bunte Kugeln schimmern durch die Nadeln, und durchsichtige Schmetterlinge schweben dazwischen. Ein glitzernder Stern schmückt den Giebel.
Als Mama die Kerzen anzündet, wagt Simi kaum mehr zu atmen.
«Das ist der schönste Weihnachtsbaum auf der ganzen Welt!» sagt Michi überzeugt, und Simi ist völlig mit ihm einverstanden.
Papa liest die Weihnachtsgeschichte aus der Bibel, die Kinder singen und sagen Gedichte auf, und Tante Therese sagt eins ums andere Mal: «Wie ist das schön, wie ist das gemütlich, wie bin ich froh, dass ihr da seid!»
«Für den Ahornbaum würden diese Kerzen nicht

ausreichen, da wäre ein ganzer Karren voll nötig», meint Simi versonnen.
«Mein Sohn, du hast einen Vogel», stellt Papa fest. «Ist diese Tanne jetzt wirklich nicht gross genug?» Doch, doch, sie ist gross genug, Simi findet sie wunderbar, nur – der Ahorn würde vielleicht auch gerne Weihnachten feiern.

Innen lebt er

Simi steht am Fenster und schaut zu, wie die Schneeflocken aus dem verhangenen Himmel herabschaukeln. Die Welt hat sich verändert. Alles still, alles weiss, alles zugedeckt von unzähligen Flaumfederchen. Eine dichte Decke liegt auf der Wiese, jede Zaunlatte ist eingeschneit, jeder Pfosten trägt eine Mütze.
Michi tobt mit Jakob auf der Wiese umher, sie freuen sich über den Schnee. Jakob rast um die Bäume, springt mit allen Vieren gleichzeitig in die Luft, wälzt sich am Boden, schüttelt sich, dass die Ohren flattern, schnaubt und bellt. Michi tanzt mit den Flocken um die Wette. Manchmal bleibt er stehen, legt den Kopf zurück und versucht, die weissen Vöglein mit der Zunge aufzufangen. Sie setzen sich auf seine Mütze, auf das rote Halstuch, auf Jakobs schwarzen Pelz.
Simi ist noch müde und hat keine Lust, draussen herumzutollen. Er war ein paar Tage krank, hatte Fieber und Husten und musste das Bett hüten. Heute ist er zum erstenmal ein bisschen aufgestanden, Mama hat es erlaubt.
Der Igel verschläft den Schnee. Der kleine Laubhügel ist nicht mehr zu sehen unter der weissen Watteschicht, die Bäume strecken schwarze Äste in den bleichen Himmel, der Ahorn überragt sie alle. Er sieht so fremd aus, streng, dunkel und abweisend. Simi fröstelt. Er kann plötzlich kaum mehr glauben, dass das sein Baum ist, dass er in der Krone gesessen und mit dem Gesicht geplau-

dert hat. Kann dieses düstere Gerippe wirklich zuhören und trösten, kann man ihm zutrauen, ein Igelnest zu beschützen? «Mama, stirbt der Ahorn jetzt?» fragt er beklommen.

«Wie kommst du darauf?»

«Er sieht so tot aus!»

Mama kommt auch ans Fenster. «Im Herbst zieht sich der Saft in den Stamm und die Wurzeln zurück», erzählt sie. «Dann verfärben sich die Blätter, weil sie nichts mehr zu essen kriegen, werden dürr und fallen hinunter. Die Bäume spüren die Kälte nicht, sie schlafen ganz tief. Aber in den winzigen Knospen ist alles schon fürs nächste Jahr vorbereitet, die Blätter, die Blüten, alles. Und wenn es dann im Frühling wieder wärmer wird, steigt der Saft in die Zweige, die Knospen öffnen sich, und es zeigen sich feine, grüne Spitzchen. Sie falten sich auf, werden grösser, und eines Tages stehen die Bäume wieder in ihrer ganzen Sommerpracht da, und Kälte, Schnee und Sturm sind vergessen.»

«Bist du sicher, dass sie nicht ganz tot sind?»

«Ganz sicher.»

«Der Ahorn auch?»

«Warum ausgerechnet der Ahorn nicht? Der ist doch nichts Besonderes.»

Mama hat keine Ahnung, wie besonders er ist!

«Meinst du, ganz innen lebt er, auch, wenn er aussen tot ist?»

«Ja, innen lebt er, genau wie die Blumenzwiebeln. Ihre braune Schale verrät auch nicht, was im Innern für Wunderdinge geschehen. Die hätte ich jetzt beinahe vergessen.»

Sie öffnet den Schrank und holt die Töpfe heraus.

«Schau nur, sie treiben schon!»
Sie stellt die Töpfe auf das Fensterbrett. Dicke, hellgelbe Zapfen dringen aus den Hyazinthenknollen, kräftige Spitzen sprengen die braunen Häute der Tulpenzwiebeln, und bei Michis Osterglocken zeigen sich blasse, schmale Blätter.
«Wir rücken sie schön ins Licht, dann werden sie sicher bald grün.»
Jetzt beginnt Simi daran zu glauben. Wenn in einer kleinen Blumenzwiebel soviel Leben versteckt ist, dann lebt sein Baum bestimmt auch, ganz innen. Er hebt die Hand und winkt leicht. Vielleicht sieht er es, vielleicht schläft er nicht ganz so tief.
Mama geht hinaus und holt Michi und Jakob. Ein paar lange Zweige bringt sie mit, sie hat sie vom Ahorn abgeschnitten. Sie stellt sie ins Wasser.
«So, Simi, jetzt kannst du bald selber sehen, dass der Ahorn nicht gestorben ist.»
Im Moment sieht es nicht danach aus. Die Ruten sind langweilig braun, einige Knospen sitzen daran, rund, fest geschlossen wie winzige Fäuste.

Am nächsten Tag fährt Mama nach Schlossberg. Im Spital werden Aushilfen gesucht, und Mama möchte schon lange wieder in ihrem Beruf arbeiten. Sie muss ab und zu raus hier, sonst fällt ihr die Decke auf den Kopf. Sie hat ihre Familie wirklich gern, aber manchmal reisst sie ihr ganz schön an den Nerven. Sie muss hin und wieder andere Gesichter sehen, damit sie nicht trübsinnig wird, das hat sie alles beim Mittagessen erklärt.
Das Geld ist auch willkommen, Papa hat noch allerhand Pläne für das Haus, und alles ist so

teuer. Zwei Nachtwachen jede Woche, das schafft sie leicht.
Michi ist mitgefahren, Susanne besucht eine Freundin. Simi ist allein in der Wohnung, aber es macht ihm nichts aus. Tante Therese ist oben, er hört ihre Schritte. Und er hat Jakob. Simi liegt bäuchlings auf dem Teppich und spielt mit seinem Hund. Jakob ist ein herrlicher Kamerad, so richtig zum Anfassen und Liebhaben. Jeden Samstag muss Simi seine Zottelhaare in der Waschküche mit Kamm und Bürste bearbeiten, da ist Mama unerbittlich. Es ist Simis Hund, also ist das seine Aufgabe. Ein so dichtes Fell muss regelmässig gepflegt werden, sonst liegen bald überall schwarze Büschel herum. Mama hasst Hundehaare im Suppenteller. Jakob rollt sich auf den Rücken. Simi muss ihn am Bauch kraulen, dann brummt er zufrieden.
«Wenn ich wieder ganz gesund bin, nehme ich dich an die Leine, und wir gehen zu Kobi Jakob. Er wird sich wundern, wie gross du schon geworden bist. Er hat dich auch gern, sonst hätte er dir nicht seinen eigenen Namen gegeben. Ich bin froh, dass ich jetzt seinen ganzen Namen weiss. Mein Freund Kobi Jakob! Pass auf, ich hole dir deinen Gummiknochen.»
Simi muss ziemlich lange suchen, Jakob versteckt seine Sachen überall. Endlich findet er den Knochen unter dem Küchentisch. Er will ihn in die Stube bringen, da bleibt er plötzlich stehen. Was sind das für merkwürdige Geräusche? Es poltert, ächzt und stöhnt. Was ist das Schwarze auf der Treppe? Es bewegt sich, die schrecklichen Töne

kommen von dort. Eine furchtbare Angst steigt in Simi auf, er möchte schreien, aber er ist wie gelähmt. Da hört er eine dünne Stimme: «Simi, hilf mir!»
Simi fürchtet sich entsetzlich, sein Herz klopft wie rasend, seine Füsse möchten wegrennen, aber er nimmt sich ganz fest zusammen und steigt langsam die Treppe hinauf.
Tante Therese sitzt gekrümmt auf der obersten Stufe, eine Hand krallt sie ums Geländer, mit der andern reisst sie am Kragen. Sie ist kreideweiss im Gesicht und ringt nach Luft. Ein gespenstisches Keuchen kommt aus ihrem Mund, die Augen sind weit aufgerissen. Simi ist zu Tode erschrocken. «Das ist ein Anfall», fährt es ihm durch den Kopf, «die Tante hat einen Anfall, vielleicht stirbt sie sogar. Eine Pille, sie braucht eine Pille!» Er hastet an ihr vorbei, stürzt in die Küche, zum Tisch – wo ist die Schachtel? Wo ist bloss die Schachtel? Dort, auf dem Küchenschrank liegt sie, schnell, schnell! Wie der Blitz ist er wieder bei der Tante, nestelt mit zitternden Fingern an der Schachtel – es dauert eine halbe Ewigkeit, bis er den Deckel öffnen und eine Pille herausnehmen kann. Es sind fürchterliche Minuten. Tante Therese krümmt sich vor Schmerzen, keucht und stöhnt. Simi sitzt neben ihr auf der Treppe und weint vor Angst. Was soll er bloss machen? Wie kann er ihr helfen?
Nach einer Weile erholt sie sich. Sie ist immer noch bleich und atmet mühsam, aber sie spricht wenigstens wieder. «Danke Simi, du bist ein tapferer Bub. Ich lege mich jetzt ein wenig ins Bett. Mach dir keine Sorgen, es geht jetzt wieder.»

Mach dir keine Sorgen! Das sagt sich leicht. Und wenn sich der Anfall wiederholt? Vielleicht noch schlimmer diesmal? Simi ist so erschöpft vor Aufregung, dass er nicht mehr mit Jakob spielen mag. Er kugelt sich auf dem Sofa zusammen und zieht eine Decke über sich. Die ganze Zeit sieht er das verzerrte Gesicht vor sich, hört die pfeifenden Atemstösse – er schaudert. Wie geht es ihr wohl jetzt? Eigentlich sollte er aufstehen und nachsehen, aber er wagt es nicht. Wenn nur Mama käme, oder wenigstens Susanne!

Auf einmal stösst ihn etwas in den Rücken. Erschrocken fährt er herum. Jakob! Er stützt sich mit den Vorderpfoten aufs Sofa und blickt Simi forschend ins Gesicht. Willst du nicht mehr mit mir spielen? Ach Jakob! Simi nimmt seinen Hund in die Arme und vergräbt die Nase im dichten Pelz. Jakob ist da, warm und weich. Zusammengekuschelt warten sie auf Mama.

Schneepflugführer ist besser als Flugzeugpilot

«Und, was hat der Arzt gesagt?»
Tante Therese macht eine grimmige Miene und knallt ihre Tasche unwillig auf den Küchentisch.
«Der Mann ist nicht bei Trost. Überanstrengt soll ich mich haben, so ein Quatsch! Schonen soll ich mich, andere Medikamente will er ausprobieren! Er hat mir eine halbe Apotheke mitgegeben, und das soll ich alles in mich hineinstopfen! Einen Spaziergang soll ich machen jeden Tag, stell dir das vor! Soll ich etwa planlos herumlaufen wie ein Huhn und den Leuten in die Nasenlöcher gucken?»
Die Tante ist richtig aufgebracht, Simi hat sie noch nie so schimpfen hören. Mama lässt sich nicht aus der Ruhe bringen. Der Arzt wird schon wissen, was er sagt. Und es ist wirklich nicht nötig, dass die Tante jeden Morgen in aller Herrgottsfrühe aufsteht. Sie hat ja viel gearbeitet in ihrem Leben und kann sich jetzt ruhig etwas mehr Zeit nehmen. Übrigens hat Mama eine Idee. Sie hat die Stelle bekommen im Spital und wird ab sofort jede Woche zwei Nächte weg sein. Da wäre sie sehr froh, wenn die Tante ihr die Einkäufe besorgen würde. So kommt sie an die frische Luft und macht gleichzeitig den verordneten Spaziergang.
Gut, Tante Therese will sich die Sache überlegen.
Simi hat noch eine Frage. «Wenn du jetzt die neuen Medikamente schluckst und jeden Tag an die frische Luft gehst, hören dann die Anfälle auf?»
Der Schrecken sitzt ihm immer noch in den Kno-

chen, er muss die ganze Zeit darüber nachdenken.
«Möglicherweise hilft es ein wenig», räumt die Tante ein, «aber ganz los werde ich sie wohl nie mehr. Einmal wird so ein Anfall dann zu heftig ausfallen, und ich werde daran sterben.» Sie sagt es ganz ruhig, aber Simi zuckt zusammen. Er will nicht, dass Tante Therese stirbt. Man müsste ihr helfen können, er weiss nur nicht wie. Wenn er fleissig studiert, findet er vielleicht einen Ausweg.
«Es gibt immer eine Möglichkeit, sie muss einem nur in den Sinn kommen», sagte Mama, als sie damals mit einem Lockenwickler die blockierte Waschmaschine wieder in Gang brachte.
«Es gibt immer eine Möglichkeit!» denkt Simi, als er am Fenster steht und zum verschneiten Ahornbaum hinüberblickt. Seine Zweifel regen sich wieder. Die Triebe der Blumenzwiebeln sind zwar grün geworden und strecken sich dem Licht entgegen, aber die Ahornzweige verraten nach wie vor kein Lebenszeichen. Die Knospen sind noch immer fest geschlossen. Mama weiss eben auch nicht alles.
«Heute gehe ich wieder einmal zu Kobi Jakob», verkündet Simi beim Mittagessen. «Ich bin jetzt gesund, und Jakob will zu seiner Mutter, sie hat sicher Heimweh.»
«Warum nennst du Kobi eigentlich immer Kobi Jakob?»
«Weil er so heisst, du hast es selbst gesagt.»
Mama kann sich nicht erinnern, etwas Derartiges behauptet zu haben, aber Simi lässt sich nicht beirren. «An meinem Geburtstag hast du gesagt: ‹Er heisst Jakob, er hat ihm seinen eigenen Namen gegeben!› Also heisst er doch Kobi Jakob!»

Mama schaut verständnislos, aber Papa beginnt plötzlich, laut zu lachen.
«Er meint, Jakob sei der Familienname! Das ist ein Missverständnis. Kobi heisst Jakob Sonderegger, so wie du Simon Iseli!»
Jetzt lacht Mama auch. Simi findet es nicht lustig. Er wird Kobi fragen, der hat ihn nie ausgelacht. Simi glaubt nicht, dass Ella sich freut über Jakob. Sie wedelt kaum und rückt sogar ein bisschen zur Seite, als er sich an sie drängt. Vielleicht hat sie ihre Jungen schon vergessen, Kobi hat unterdessen auch den andern Hund verschenkt.
Simi wälzt immer noch die ungelöste Namensfrage.
«Kobi, wie heisst du eigentlich, Kobi oder Jakob?»
Der alte Mann überlegt eine Weile, dann sagt er: «Kobi – Jakob – gleich, ganz gleich.»
Damit kann Simi auch nicht viel anfangen. Vielleicht weiss Tante Therese Bescheid.
Als er mit Jakob durch den Schnee heimwärts stapft, dröhnt es plötzlich in seinen Ohren: «Tuut – tuut!»
Ein grosser Lastwagen hält an, jemand winkt. Papa! Er fährt mit dem Schneepflug. Seit Tagen muss er immer wieder den frisch gefallenen Schnee von den Strassen schieben, das ganze Dorf muss er freipflügen, sogar den Feldweg bis zu ihrem Haus.
«Willst du einsteigen?»
Natürlich will Simi einsteigen, aber was ist mit Jakob?
«Frag ihn, ob er auch eine Runde mitfahren will!»
Papa steigt aus und hebt Kind und Hund in die

Führerkabine. Auf der breiten Sitzbank ist Platz genug, und es macht überhaupt nichts, dass der Schnee in Jakobs Pelz zu schmelzen beginnt und braune Bächlein über das Polster und auf den Boden rinnen. Papa wird alles wieder auftrocknen. Simi zerfliesst beinahe vor Stolz. Hoch über allen Leuten thront er, fast so hoch wie damals im Mähdrescher.
Papa pflügt den Schnee an den Strassenrand. Auf den Plätzen schiebt er ihn zu grossen Haufen zusammen, vor Lenas Haus liegt ein ganzer Berg. Dort müssen Simi und Jakob aussteigen. Papa fährt in die Garage zurück. Später, wenn nicht mehr soviel zu tun ist, nimmt er Simi dann einmal mit, und er darf alles anschauen und vielleicht sogar etwas helfen. Er wird nämlich Schneepflugführer, wenn er gross ist, das weiss er jetzt sicher. Schneepflugführer ist noch besser als Mähdrescherfahrer oder Flugzeugpilot!
Am Abend legt Simi sein Problem der Tante vor.
«Wie heisst Kobi eigentlich? Ich habe gemeint, sein richtiger Name sei Kobi Jakob, aber Papa hat mich ausgelacht. Kobi weiss es, glaub' ich, selber nicht, er sagt nur: ‹Gleich, ganz gleich.›»
«Kobi weiss es, du hast ihn nur nicht richtig verstanden. Schau, jeder Mensch bekommt einen Namen, wenn er auf die Welt kommt. Aber manchmal ist der fast zu gross für ein so winziges Kindlein, und dann verkleinert man ihn halt, damit er besser passt. Mich hat man zum Beispiel früher Resi gerufen, so wie man euch Buben Simi und Michi nennt. Eigentlich heisst ihr Simon und Michael, und Kobis richtiger Name ist eben Jakob.

Verstehst du es jetzt?»
Ja, Simi versteht es, aber er muss heftig denken.
«Kobi ist schon lange kein kleines Kind mehr», fängt er noch einmal an, «also müsste er doch jetzt Jakob heissen, und trotzdem nennen ihn alle Kobi.»
«Manche Leute behalten ihren Kindernamen ein Leben lang. Mein Mann hiess Otto, aber für mich war er immer Otti.»
Simi hat noch etwas auf dem Herzen.
«Wenn ein Bub in die erste Klasse geht, ist er dann immer noch klein?»
Die Tante lächelt. «Wenn er seiner alten Tante bei einem schlimmen Anfall so brav zu Hilfe kommt, dann ist er bestimmt kein kleines Kind mehr, sondern ein grosser, tapferer Bub.»
«Bekommst du heute keinen Anfall mehr?»
«Denk nicht zuviel darüber nach. Wenn ich die Pille rechtzeitig nehme, ist es viel weniger schlimm. Gute Nacht, Simi, schlaf gut und träume etwas Schönes!»

Es gibt immer eine Möglichkeit

Es ist bitter kalt. Wenn Simi am Morgen zur Schule geht, friert ihm beinahe die Nase zu, und der Atem steht in weissen Wolken vor seinem Gesicht. Es macht keinen Spass mehr, mit Lena in der Schneehütte herumzukriechen, die sie miteinander gebaut haben. Der grosse Schneeberg vor dem Bauernhaus liess sich prächtig aushöhlen, sogar Ella fand Platz darin. Jetzt ist alles Stein und Bein gefroren, und schon nach kurzer Zeit im Freien beginnen Simis Finger trotz dicker Handschuhe zu kribbeln und zu zwicken. Auch Jakob findet es draussen zu kalt. Er kreist nur kurz ums Haus, schnuppert ein wenig herum, dann kratzt er an der Türe, bellt scharf und laut und will hereingelassen werden. Nur dem grossen Schneemann ist es wohl in der bissigen Kälte. Michi und Lena haben ihn gerollt und aufgetürmt. Jetzt steht er dick und gemütlich auf der Wiese und blickt mit seinen Knopfaugen in die warme Stube. Was hält er wohl von den Blumen auf dem Fensterbrett, die nun langsam ihre bunten Blätter ausbreiten?
Der Ahorn sieht immer noch tot aus. Aber Simi ist jetzt sicher, dass er nur schläft. Der Einfall, den Baumstamm mit dem Hexenzaubertrank zu bestreichen, war wirklich grossartig.
Eines Morgens war der Kasper in die Schule gekommen, und Simis Klasse durfte eine Vorstellung besuchen. Es war ein tolles Stück, viel spannender als Susannes Kassette, und am Nachmittag spielten Lena und Simi Hexe und Zauberer.

Lena sah greulich aus als Hexe, ganz schwarz im Gesicht, in Lumpen gehüllt. Sie hexte fortwährend die übelsten Sachen, bis der Zauberer kam und sie mit seinem Zauberstab berührte. Da konnte sie nicht mehr hexen.
Simi sah prächtig aus in seinem Herodesmantel, mit dem hohen, spitzen Hut auf dem Kopf. Drohend schwang er Mamas Kochlöffel über der Hexe, die vor ihm auf den Knien lag und um Gnade winselte. «Ich arme, arme Hexe!» plärrte sie. «Alle Hexen lachen mich aus, wenn ich keine Kunststücke mehr machen kann, hu hu hu! Ich arme, arme Hexe, hu hu hu!» Der Zauberer wollte zuerst gar nichts hören. Erst, als die Hexe versprach, in Zukunft nur noch Gutes zu zaubern, liess er sich erweichen und gab ihr ihre Kunst zurück. Zum Dank verriet sie ihm ein Geheimrezept für einen wundertätigen Zaubertrank. Damit konnte man Zerbrochenes flicken, Kranke heilen und Tote wieder lebendig machen. Ob der Trank bei Bäumen auch wirke? Bestimmt, für Bäume sei er ganz besonders geeignet, versicherte die Hexe. Dann musste der Zauberer einen Topf holen in der Küche, und die Hexe begann, eine geheimnisvolle Brühe zu rühren. Sie murmelte Zaubersprüche, fuchtelte mit Mamas Zauberkochlöffel und streute seltsame Zutaten in den Topf, etwas Erde von Mamas Pflanzen, ein Haar aus Jakobs Schwanz, ein Stück Fingernagel des Zauberers, einen Stachel vom Kaktus in der Ecke, Schnee von der Terrasse, einen Eiszapfen vom Brunnen. Zum Schluss klaubte sie eine Ahornknospe von einem Zweig in der Vase, zupfte sie mit spitzen Fingern

auseinander und liess die braunen Flöckchen in den Zaubertrank rieseln. Dann trugen sie den Topf miteinander zum Ahornbaum. Die Hexe machte unheimliche Bewegungen, grunzte, brummte, quietschte, dass dem Zauberer ein Schauder über den Rücken lief. Dann bestrich sie die Rinde mit dem Wundermittel. «So, nun kann nichts mehr schiefgehen!» sagte sie, als der Topf leer war.
Es ging nichts mehr schief. Am Tag darauf brachen die Ahornknospen in der Vase auf. Die zusammengeballten Fäuste falteten sich nach und nach zu glänzenden Lappen auseinander. Anmutig zurückgebogen geben sie jetzt ganze Büschel von zarten, hellgrünen Sternen frei. Alles wird gut werden. Draussen klirrt zwar das Eis, aber dem Ahorn kann es nichts anhaben. Im Frühling wird er aufwachen und wieder Simis Freund sein.
Mama ist in der Waschküche. «Simi, hol mir noch Tante Thereses Schürzen auf der Treppe, sie haben noch Platz in der Maschine!»
Simi steht vor dem schwarzen Wäschebündel und grübelt. Er hat die Tante noch nie ohne Schürze gesehen, jeden Tag trägt sie eine, sogar am Sonntag. Mama trägt keine Schürzen, höchstens ab und zu beim Kochen, und Susanne mag überhaupt nur Hosen. Simi denkt immer noch über Tantes Anfälle nach. Soviel er weiss, hat sie seither keinen mehr gehabt. «Wenn ich die Pille früh genug nehme, ist es viel weniger schlimm!»
Man sollte ihr auch einen Zaubertrank geben können, aber sie würde ihn wohl nicht schlucken.
Gedankenverloren bringt er Mama die Schürzen in die Waschküche, dann steigt er die Treppe hinauf.

Tante Therese sitzt am Fenster und schaut auf die Wiese hinunter. Die Strickarbeit liegt in ihrem Schoss. Vor der Terrasse, gleich neben dem Schneemann, steht immer noch der Weihnachtsbaum. Er ist jetzt wieder eine gewöhnliche, grüne Tanne, seinen Glitzerschmuck hat man ihm längst abgenommen. Dafür hat Mama ein Netzlein mit Nüssen und ein paar angefaulte Äpfel in die Zweige gehängt.

«Siehst du, wie die Meisen geschickt herumturnen und die Nüsse aus dem Säcklein picken? Ich schaue ihnen schon eine ganze Weile zu. Beim Vogelhäuschen werden sie immer von den Spatzen vertrieben, das ist eine unverschämte Bande!»

Das Vogelhäuschen hat Simi mit Papas Hilfe zusammengenagelt.

Sein Daumen ist immer noch blau.

Der Bub stellt sich auch ans Fenster.

«Tante, ich habe gedacht und gedacht und gedacht.»

«So, und worüber hast du so eifrig nachgedacht?»

«Geht es dir jetzt besser mit den neuen Medikamenten und dem täglichen Spaziergang?»

«Gewiss, ich kann nicht klagen.»

«Wenn ein Anfall kommt, spürst du das vorher?»

«Sicher, warum fragst du?»

«Und wenn du dann gleich die Pille nimmst, ist es dann weniger schlimm?»

«Ja, sie sind sehr wirksam, ich bin froh, dass ich sie habe.»

«Aber manchmal nimmst du sie nicht früh genug, warum nicht?»

«Weil mir nicht immer genügend Zeit bleibt, um sie

zu holen. Es kommt ganz darauf an, wo mich der Krampf überfällt. Es geht manchmal ziemlich schnell, da reicht's halt oft nicht bis zum Küchenschrank.»
«Und warum steckst du sie nicht in die Schürzentasche? Dann hast du sie immer bei dir und brauchst ihnen nicht zuerst nachzurennen!»
Tante Therese bleibt ziemlich lange stumm. Es wird Simi unbehaglich, hat er etwas Falsches gesagt? Sie schaut ihn so sonderbar an.
Endlich sagt sie langsam: «Ich einfältige, alte Person! Das hätte mir auch selbst in den Sinn kommen können. So etwas Einfaches muss ich mir von einem Erstklässler sagen lassen!»
Sie kann es kaum begreifen und schüttelt nur immer den Kopf.
«Es gibt immer eine Möglichkeit, sie muss einem nur einfallen», sagt Simi.
«Dass ich da nicht selber draufgekommen bin! Das ist wirklich die Lösung des Problems. Simon, du bist ein kluger Bursche, du hast mir sehr geholfen!»
Simon hat sie ihn genannt. Anstatt seine Hausaufgaben zu machen, sitzt Simi am Tisch, kaut am Bleistift und muss nachdenken. Simon gefällt ihm im Grunde schon lange besser. Er ist kein kleines Kind mehr.
Da fällt sein Blick auf Sami. Der Bär sitzt auf der Kommode und langweilt sich. Seit Wochen hat ihn sein Meister vernachlässigt. Aber er findet wirklich kaum noch Zeit für ihn, er hat ja jetzt so viele Freunde! Er hat Lena, er hat Kobi, er hat Jakob, und er hat den Baum. Als die Tante den blauen

Esel nicht mehr brauchte, gab sie ihn weg. Eigentlich braucht er Sami jetzt nicht mehr.

«Michi, wenn du willst, kannst du Sami haben. Er ist immer so allein. Er ist traurig, wenn niemand mit ihm spielt!»

Michi traut der Sache nicht recht. Bisher wurde er gleich angeschrien, wenn er dem Bären nur in die Nähe kam.

«Für immer?» fragt er unschlüssig. «Darf ich ihn behalten?»

«Für immer. Du brauchst ihn nie mehr zurückzugeben.»

Michi zaudert nicht lange. Er nimmt Sami fest in die Arme, setzt sich auf sein Schaukelpferd und beginnt, ihm eine lange, verwickelte Geschichte zu erzählen. Der Bär hört aufmerksam zu. Er macht ein zufriedenes Gesicht.

Simi ist auch zufrieden. Er schreibt seine Buchstaben.

«Sami gehört jetzt mir!» verkündet Michi beim Nachtessen. «Simi hat ihn mir geschenkt. Ich muss ihn nie mehr zurückgeben.»

Er macht grosse Augen und nickt bedeutungsvoll. Da legt sein Bruder den Löffel auf den Tisch, streckt seinen Rücken und sagt deutlich und bestimmt:

«Ich heisse Simon!»

Geschichtsbücher bei Zytglogge

Ursula Eggli / Hagen Stieper
Sammelbammel und Rollstuhlräder

Marlis, der kleine Wirbelwind auf vier Rädern, erlebt ein aufregendes Jahr. Mit der Mutter und ihrem Bruder Rolf zieht sie in eine Blockwohnung. Schon bald gibt es Ärger mit den Nachbarn, dem Abwart und der Hausverwaltung. Die Rampe zur Wohnung, die Rolf und sein Freund gebaut haben, muss wieder weg. Aber kleinkriegen lässt sich Marlis nicht. Ihr neuer Elektrorollstuhl ist nämlich ein Hit. Mit ihm geht sie auf abenteuerliche Fahrt. Und schwupp – schon liegt sie kopfüber im Morast. Wenn Paul nicht auf sie gestossen wäre, würden wir nicht vernehmen, was uns Marlis aus dem Sommerlager mit andern behinderten Kindern zu berichten weiss, und Marlis und ihre Mutter müssten immer noch allein im Block wohnen und könnten von der Wohngemeinschaft, in der sie jetzt leben, nur träumen.

Andreas Kündig
Der fremde Bruder

Die Eltern von Tobias L. verreisen für längere Zeit nach Brasilien. Er ist im Internat angemeldet und wird am nächsten Tag erwartet. Da taucht jedoch Charles G., der Mann mit dem falschen Siegelring, auf, und alles kommt anders als erwartet. Eine abenteuerliche Irrfahrt beginnt. Sie führt Tobias in einen Kanal zu einem gefangenen Jungen, der ihm einen seltsamen Auftrag erteilt.
In einem Vorort der Grossstadt befindet sich das Kinderheim, wo das blinde Mädchen Samantha lebt. Zu ihr muss Tobias, um den Auftrag des fremden Bruders erfüllen zu können. Die Traumbilder von Samantha und die kleine Burg am andern Ufer des Flusses führen ihn in eine fantastische Welt. Sie wird bedroht durch die Mächte hinter dem Zaun, die nur mit den andern Kindern gemeinsam und mit Hilfe des fremden Bruders erfolgreich bekämpft werden können.

Geschichten für Kinder bei Zytglogge

Andreas Kündig
Das verratene Licht

In einer Winternacht stöbert der 13jährige Stephan den Soldaten Michael auf, der sich von der Truppe entfernt hat. Die beiden schließen Freundschaft, und Stephan bringt den Soldaten in die Höhle seiner Bande. Die Bandenmitglieder versorgen Michael mit Kleidern und Eßwaren. Das Geheimnis lastet schwer auf Stephan, er zieht seinen Lehrer ins Vertrauen, der den Deserteur aber verrät. Um Michael die Hintergründe seiner Verhaftung zu berichten, schleicht Stephan zum Militärgefängnis. Dort wird er von der Kugel einer Wache getroffen. − Als Abenteuerbuch ab 11, als Buch zum Problem Dienstverweigerung ab 14 empfohlen.
Fri
Neue Kinder- + Jugendbücher

Lukas Hartmann
Anna − annA

Mit diesem Kinderroman wendet sich der Schweizer Autor Lukas Hartmann erstmals an junge Leser. Anna ist oft allein, sie schafft sich deshalb ihre eigenen Phantasiewelten. Da ist beispielsweise die selbstgebastelte Familie Gygax, die jeden Abend versorgt werden will. Auch im Schulhaus hat Anna einen heimlichen Freund, den Kopierautomaten. Als Copy aber von Anna selbst eine Kopie anfertigt, fangen für Anna und die eben entstandene annA die Schwierigkeiten an. Ein phantasievolles Buch, das zum Fabulieren anregt.
Für KM ab 11, auch für Erwachsene sehr empfohlen.
MG
Neue Jugendbücher
(Beilage Schulblatt)

Geschichten für Kinder bei Zytglogge

Ib Spang Olsen
Seeräuber im Schloß

Wir haben alle etwas Seeräuberblut in den Adern. Nur haben wir das – seit der Kindheit – vergessen. Außer dem Grafiker, Lehrer und Kinderbilderbuch-Zeichner und -Schreiber Ib Spang Olsen. In «Seeräuber im Schloß» leistet er den Nachweis, wie wenig es braucht, um aus einer gewöhnlichen Familie prächtig böse Seeräuber zu machen – und aus Seeräubern eine prächtig normale Familie. Olsens Grenzgängerei über den Zaun zwischen Phantasie und Wirklichkeit macht den Kleinen (ab sieben Jahren) Spaß und den Großen (falls sie noch können) auch. *hp.*

Brückenbauer

René Hrncir
Jonas mit der Wurmbüchse

René Hrncir erzählt die abenteuerliche Suche zweier Kinder nach der Nachtmaschine, welche im Dämmerland das Licht zerstört. Anders als Michael Ende hat der tschechische Autor, der im Emmental als Lehrer tätig ist, nicht alte Motive neu zusammengesetzt, sondern mit einprägsamen Figuren das alte Thema von Herrschsucht und Technikwahn neu dargestellt. Die Kläglichkeit der Machtgierigen und das Kreatürliche, welches (wie die Würmer!) zum Licht drängt, haben hier entsprechende Sinnbilder gefunden, die zusammen mit den Illustrationen von Heinz Ita zu den außergewöhnlichen Schweizer Kinderbüchern der letzten Jahre gehören. In dieser Parabel können sich Erwachsene und Jugendliche an den Anspielungen oder doppeldeutigen Namen und Wendungen freuen, während die Handlung selbst auch die Jüngeren anspricht. *Hs.t.D.*

Bücherpick-Junior